条理は斬られた

——苦悩と悲しみの中で——

埆田なな

目次

条理は斬られた

――苦悩と悲しみの中で――

奥方旅に倒れる

久し振りに見る夫の姿。

編笠をかぶり半纏を羽織っている。

足元は袴の裾を脚絆でしっかり巻いている。

城下を出て、民、百姓が生活している家並みに向かう。

行き交う民や百姓は、手を休め足を止めて深く頭を下げている。

夫・忠兵衛は、作物の出来具合い、水の様子など漏れなく調べ、二人の供が手分けして記録していく。

突然三人の背後から刀を振りかざして、追いかけてくる一団がいた。

筆頭家老桜木弦蔵や家来たちに見える。今にも忠兵衛たちに襲いかかろうとしているではないか。

奥方は必死で声を挙げ、夫に知らせようともがくが、その声はなかなか届かない。

胸も苦しくなり喉もからからに渇いてくる。

夫の姿も見えなくなり、暗く深い谷底に迷い込んでいくばかり。

それらすべてが、だんだん薄らいでいく。


囁き声が遠くから聞こえていた。次第にその声は大きくなり、やがてはっきり自分を呼んでいる声だとわかってきた。微かに目の前が明るくなってくる。誰かが体をさかんに揺すっている。


「奥方さま、目を開けて下さい。奥方さま」

若い娘の声だった。必死で呼び続ける。

「もう少し、もう少しでございますよ」

今度は若い男の声だった。代わる代わる呼びかけてくる声に導かれて、奥方の目は少しだけ開いた。光が見えてきた。うつろな目をゆっくり動かして、あたりを探っている。

「お分かりですか。弥平と雪絵でございます」

二人は休みなく奥方の手足をさすり続けた。

「そう、私は昔は忠兵衛の妻で、奥方と呼ばれていたのだわ」

「左様でございますよ。ようやく手足も温かくなってきました」

「ありがとう、弥平と雪絵だわね」

　二人は奥方の手を握って涙を流し喜び合った。

「ここは、どこなの」

「はい、この村の庄屋様の離れ屋でございます」

「この村に差し掛かると急にお苦しみになられ、奥方さまは路上にお倒れになられました。途方にくれているところに村人が通りかかり、庄屋様の元に連れて来てくれました」

「村人の話によりますと、この地は土佐の国六反地村だそうです」

「そうだったの。迷惑をかけてしまいました」

「いいえ、成り行きでございますから、何のお気遣いもいりません。ただ、今はゆっくりとお休みになってください」

　気を失っている時は、とても苦しげに声を上げていたことを思い出し、こわい夢でも見たのではないかと、雪絵は真顔で問うてみた。

「とても懐かしい方に会ったのですよ」

「もしや、旦那様でしたか」

　その時奥方は、笑みを浮かべていた。

「そう、はっきり見たの。とても元気そうで、人々が生活している村を見廻っておいででした。旦那様を見かけると、百姓たちは駆け寄って、何かを訴えようとしていたわ。

でもそれは束の間で、恐ろしい光景に変わったの。旦那様たちの背後から何者かが刀を振りかざし襲いかかろうとしていたので、必死で知らせようとしたのですけれど…。きっと桜木弦蔵一味に相違ない」

「やはりそうでしたか。嫌な夢を思い出させてしまい、申し訳ありません」

「そんなことで、心配しないでいいのよ」

雪絵はなんとなく気を取り直すと、庄屋の奥さまに用意していただいた温かいお茶を奥方に勧めた。奥方も機嫌良く受け取り、二口、三口とゆっくり飲むと、少し落ち着いた様子になり雪絵に支えられながら、再び横になった。大きな息を吐きながら目を閉じた。これからの行く末を案じていたのだろうか。

外で様子をうかがっていた庄屋の下男が、小走りで母屋に向かった。知らせを受けた庄屋中山安之丞は、女房の萩を伴ってそそくさと離れ屋へやってきた。

突然に現れた庄屋夫妻に驚き、弥平と雪絵は一歩、二歩と引き下がり、畳に手をつき迎えた。

「お気づきになられましたか。まずは一安心ですよ。よかった、よかった」

奥方は起き上がろうとしたが、体が動かない。雪絵はささっと奥方の傍へ行き、抱き起こそうとした。

「いえいえそのままで。無理をしないで、何の気遣いもいりませんよ。ゆっくり疲れを取ってください」

安之丞は穏やかに制した。萩も優しく諭しながら、奥方の布団を掛け直した。落ち着いたところで、今度は弥平が奥方の傍まで進み出た。そして小さな声で、この村の庄屋様で中山安之丞様と申され、傍におられるのは奥さまの萩と申す方だと説明した。

「行き倒れで、どこの誰とも分からないのに、丁重に受け入れていただきまして、心より礼を申します」

弱々しい声だが、気持ちを十分伝えることはできた。そんな奥方の声を聞いた安之丞は、萩に温かい粥でも持ってくるようにと差配した。

「そうでございました。ま、なんとぼんやりしておりましたことか。ただいますぐに」

話がなくても、婦人が身につけている衣装や言葉遣いから、高い身分の方だと察しがつき、萩もいつにもなく緊張してしまった。そのせいか、声の調子もかなり上擦っている。

萩が部屋を出ようとしたとき、雪絵は後を追いかけた。

「どうか、お手伝いさせて下さい。なんなりと申し付けてください」

萩は少し躊躇していたが、真っすぐ見つめる強い視線に動かされ、雪絵の申し出を受け入れた。

安之丞は遠慮がちに膝をつき中腰で、寝床の裾の方から病人に声をかけた。

「田舎医者ですが、腕はなかなか良く信頼できる者がいますから、呼びにやらせましょう。奥さまはたいそうお疲れのご様子。ゆっくり養生すればすぐお元気になられますよ。もうすぐ温かい物もできましょう。では、また後ほど」

「何から何まで、誠にありがとうございます」

安之丞は部屋を後にした。弥平は見送った後、障子をそっと閉めた。

際立って高い山は見えなかったが、ぐるりと山ばかりに囲まれた村だった。今、夜明けの太陽が尾根から顔を出し、障子にも朝日が射し始めたからにちがいない。奥方にも部屋の様子が、次第にはっきり映るようになった。頭上には床があり、掛け軸もかかっている。左横には、違い棚が見える。奥方は不思議な物でも見ている風に、静寂の中で目だけを動かしていた。

弥平は縁側に控えていたが、萩さまの姿が見えたので、静かに障子を開けた。後から盆を持った女中が従い、雪絵も盆を持って後についていた。萩さまは病人の枕元に膝を下ろし、女中と雪絵にも目で合図した。萩さまはすっかり女主人の落ち着きを取り戻していた。

「お待たせ致しまして申し訳ございません。田舎のこととて、大した物は用意できませんが、少しでも召し上がっていただきたくて、作って参りました」

土鍋でごとごと煮詰めた粥だった。普段は仕舞っている道具だが、病人が身につけている衣装に相応しい物を用意せねばと、萩の気遣いだった。土鍋の蓋を取ると、サーッと湯気が立ち登った。初秋の朝の空気は冷たいが、流れ出す温かい湯気が、心も温めてくれる瞬間だった。

「奥さまが自ら作られた粥でございますよ。少しでも召し上がってください。体を少しだけ起こしましょうか」

雪絵は奥方の体を支えた。萩は間違いなく耳にした。この方をやはり奥方さまと呼んでいる。お偉い方の奥方だと思えてきた。

奥方の口は少しも動かない。まだ食べる気にならないのだろうか。雪絵と萩は根気良く何度も食べるよう諭し続けた。その甲斐あってか、わずかだが奥方の口が開いた。

雪絵は素早く粥をその隙間から注ぎ込んだ。二回、三回は続いただろうか。そこまでだった。奥方の気分が再び悪くなって、雪絵と萩はそっと奥方を横にさせた。奥方は疲れた表情で目を閉じていた。

その日の午後、安之丞夫妻は、医者を伴い奥方の離れ屋に入った。萩に案内されて、医者は奥方の傍に腰を下ろした。医者は何も語らず、脈拍や心の臓を診察し、腹部にも触れた。その時医者の表情が変わった。が、黙ったままだった。診断が終わって萩に小声で言った内容は、

「少々浮腫が出ています。それに非常にお疲れの御様子。しばらく安静が必要ですな」

医者は出された洗い桶で手をすすぎながら薬を調合しておくから家に取りに来るようにと、やはり小さな声で伝えた。

来た時と同様、静かに帰って行く医者の後を追う萩は、もっと詳しく容態を話してくれないかと頼み込んだ。

「残念ながら今のところ、はっきりとは申しかねます。薬を飲んでいただきながら、容態をみないことには」

それ以上は聞くことはできず、心配する気持ちを押さえて不安を抱きながら医者を見送った。

弥平は萩さまの姿を見ると、小走りで駆け寄った。

「薬を取りに行かせて下さい」

と懇願したが、傍に居た安之丞が、下男を遣わすから心配はいらないと諭した。弥平と雪絵は申し訳ないと思いながら、どうすることもできなかった。

薬を飲んだ翌日、奥方は激しい腹痛と嘔吐に襲われた。慌てて駆けつけた医者は、改まって萩に伝えた。

「腹部に固いしこりがあります。それが邪魔しているのでしょう。薬を替えましょう。それにつけ加えますと、知らせておきたい家族に連絡した方がいいかと思います」

「そんなにお悪いんですか。困りました。私共は、あの方がどこのどなたかも存じませんで」

「それはお困りですね。旅の情けとでも言いましょうか、こちらもできるだけの力添えはさせていただきますが、庄屋様に何か良い手立てはないものか、思案していただけませんか」

萩はどう返事をしてよいものか分からないまま、医者を見送り、その足で急いで安之丞を探した。安之丞は裏山で柿をもいでいた。息せき切ってやってくる萩に気付き、木から降りてきた。

安之丞は萩の慌て様から、事態の深刻さに驚いた。二人は顔を見合わせたまま、しばらく言葉が出なかったが、やがて安之丞が口にしたことは、

「まずは二人の使用人に、聞いてみるしかないな」

行動は早かった。弥平と雪絵は屋敷の片隅に導かれ、庄屋安之丞夫妻と向き合った。まず萩は医者の話をそのまま伝えた。

「今のうちに、家族に知らせた方がいいとも言われましたよ」

「そんなにお悪いんですか」

「原因は、腹部にある出来物と、心の臓なのですね」

雪絵は衝撃のあまり、顔を覆いうずくまってしまった。そしてまだ年若い弥平だが、事態の深刻さを察して訥々と語り始めた。

「お許しもないまま勝手に口外はできませんが、何からお話すればよいのでしょう」

困っている若い二人に、萩は思い切って問うてみた。

「奥方さまと呼んでおられるけど、高い身分のお方ですか」

「はい、左様です。奥方さまのご家族が居られるのは、北の国仙台でございます。仙台藩の家臣でしたが、大殿様の命令で宇和島藩の家老に任ぜられました。が、訳あって斬殺されました山岡忠兵衛様の奥方さまです。仙台には御長男家族が残って、山岡家をお守りしているのです」

弥平は結局、ここまで話してしまった。安之丞夫妻は、腰を抜かさんばかりに驚いたのは、家老の奥方であったことだ。その上遠い北の国に故郷があるとは。そこへ知らせる手立てはあるのかと考え込んでしまった。

「どんなに遠くても、何とかしなければ」

慌てている安之丞夫妻の姿に、弥平は焦っていた。雪絵は振り向いて見た弥平の顔には、一つの決意がはっきりしていることが分かった。

「庄屋様、奥さま、私が仙台までお知らせに参ります。父や日振島の榊様からも、何としてでもお守りするよう仰せつかっております。これは私の役目でございます」

「なんと頼もしいことよのう」

安堵した表情で弥平の手を取り、安之丞夫妻は何度も力強く握りしめた。しかし雪絵は遠い北の国へ再び歩き続けて行く大変さを思うと、弥平が気の毒になり、そっと自分の胸を押さえずにはおれなかった。

「明日、早朝に発つことにします。奥方さまには宇和島藩の状況を調べに行ったとお伝え下さい。実際、城下に入れるかどうか、現状を知っておきたいのです」

雪絵は返す言葉もなく、頷くばかりである。

「複雑な事情が、おありなのですな」

接した隣の藩だとしても、土佐の藩まで何事も通じて来てない。悲惨な事件でしかも二年が過ぎようとしても、この村に風の便りすら届いていない。幸いと言うべきか。穏やかな風ばかりが吹いていていた。

雪絵は弥平の出立の準備を手伝うべく、後を追いかけた。庄屋夫妻は若いそんな二人の後姿を見ていると、いろんな夢が浮かんで微笑ましくなる。しかし苦しむ奥方がいることを考えると、夫妻の心は重くなるばかりであった。

翌朝、外はまだ暗くて何も見えない。弥平は雪絵から水の入った竹筒と、萩さまから握り飯の包みを受け取り、腰にしっかりと付けた。安之丞に一礼すると、若者らしくはつらつとした足取りで門を出た。

弥平は重い責任を抱えていたが、見送っている三人には安心してもらいたかった。あたり一面に立ち込める朝霧の中に弥平の姿は、すぐ見えなくなった。

朝霧を含んだひやりとした空気も、日が登るとたちまち晩夏の暑さに変わっていく。生き残った蟬が、去り行く夏を惜しんで、一匹か二匹だろうか弱々しく最後の力をふりしぼって鳴き続ける。だが北国の冬は早いという。今頃は木の葉が紅葉して、木枯らしが吹き始めているかもしれない。

弥平が出発してから五日目に入った時、奥方はいっこうに姿を見せない弥平が気がかりだった。

「どうしたのかえ、弥平が見えないじゃないの」

事実は伏せておくことにしているので、雪絵は返答に困っていた。

「伊予へ行くと言っていましたよ。隣国ですし、近況を知っておかないと、宇和島藩へ入るにしても危険ですから。情勢をさぐりに出かけたのではないでしょうか」

「本当にあの日から宇和島藩は、どんなになっているのかしら。思い出したくないけど、決して忘れ得ない忌まわしい事件で」

奥方は何も疑っていなかった。弥平が帰ったら、その土産話が楽しみだと言っている。こんな真っ直ぐな奥方の心に申し訳なく、気の毒でもあり、雪絵は悲しくてたまらなくなる。

「今日は何だか、嘘のように体調が良くて。薬を変えたせいかしら。明るい日射しが、とても眩しいわ。この村はまだ残暑ね。北の方は、朝夕の肌寒さが身に染み始めた頃かもしれないね、雪絵」

「奥方さまの予報は、大当たりでございますよ。本当に、北の国と南の国の気候の違いに驚くことばかり。

奥方さま、調子が良さそうですから、縁側でお体を拭きましょう。お湯をもらってきますから」

雪絵はお勝手へ急いだ。すぐに手桶けに湯気を立たせて戻ってきた。奥方は温かい手ぬぐいの感触に目を細め、久し振りに生き返った喜びをしみじみ味わっていた。

「ありがとう。なんて気持ちがいいんだろう。あの痛みが、嘘のようだよ」

雪絵は次第に細くなっていく奥方の身体を拭く毎に、悲しさが込み上げてくる。気づかれないように、そっと目頭を押さえた。

奥方はこうも言った。

「お前も寂しいでしょう。知らない南の国へ来てしまって。弥平はしっかり者で優しい青年、いやまだ少年なのかな。そのように見えるほどにかわいさも残っている。そなたにとってもお似合いだと考えてるんだけど。思うだけで何もしてあげられない。申し訳ないわ。

でもその良き若者は、いっこうに帰って来ないよ。どうしてかしら」

「お言葉だけで嬉しいです。ですが私共の心配より、奥方さま、一日も早くお元気になってくださいませ。ご子息嘉兵衛様たちが、良い便りをお待ちだと思いますから」

「そうだね。元気になれると、嬉しいんだけど」

それ以上のことは、口にされなかった。ひどくやつれ悲しそうな奥方の表情を見て、雪絵の胸は震えていた。自分の余命は長くないと察している。これでは気力を益々失くしていく。元気を取り戻す妙案はないものかと気を揉んでいる時だった。不意に萩さまが現れた。雪絵は救いの神が現れた安堵感で胸をなで下ろした。萩は風呂敷包みから、着物を取り出した。

「田舎で良い品はありませんが、その中でも選んで見立てて参りました。着替えをなさって、さっぱりして下さいまし」

萩も言葉遣いには、充分気を遣っている。奥方は喜ばれ、さっそく雪絵に手伝ってもらい着替えを終えた。それから正座して気持ち良さそうに笑顔を浮かべた。

「お疲れになりませんか。どうぞお休みになって下さいませ」

「おかげ様で、今はとても気分がいいんですよ。新しいお召しがこんなにも気分をさっぱりさせてくれるなんて。本当にありがとう。どこの誰とも分からない私に、こんなにも親切にしてくださり、お礼の言葉も浮かびません」

萩はお世話ができて嬉しいのだと言い、後はお元気になられることだけを楽しみにしていると語った。奥方は時が許せば、どうしても身の上話を聞いていただきたいが、今は申し訳ないが休ませてもらいたいと言い残して床に入った。萩はそんな様子を見届けてから、静かに障子を閉めた。

再び物音一つしない静けさになった。このような時に限って雪絵の脳裏に奥方の言葉が浮かんでくる。弥平と夫婦にさせてやりたいと、何度も言って下さるが、その度に雪絵の胸の奥に、別の男が浮かんでくる。奥方はそれを何も知らない。

その男が心に現れると、雪絵の胸は熱くなり息苦しくなる。決して弥平が嫌いなのではない。毎日二人で奥方に付き添ってきたが、二人は手を触れたこともない。気を緩める暇はなく、お互いを励まし合う言葉を交わしたこともない。ひたすら奥方に仕える弥平と雪絵でしかない関わりと伝えたかった。

その日、太陽が少し傾いて涼しくなる頃、奥方は急に起き上がり、気分が良いから庄屋夫妻に話がしたいと言い出した。

雪絵は驚くやら嬉しいやら、慌てて夫妻を迎えに飛び出した。使用人に尋ねると、畑に居るだろうと言う。雪絵は小走りで畑に向かった。

奥方の様子を知った夫妻は、汗と土だけを落として離れ屋へ急いだ。

奥方の話

風通しの良い縁側にゆったり正座している奥方を見て、庄屋夫妻は夢ではないかと目を瞬いた。雪絵は何かと気遣って奥方の後方に回り肩掛けを当てている。

奥方が夫妻ときちんと向き合うのは初めてのことである。世話になっている身を改めて噛み締め、きちんと両手をついて二人を迎えた。

「こんな時が来るとは信じられない程です。手厚くお世話下さったおかげでございます。急なことで申し訳ないと思いつつ、この時しかない気がしまして、無理を言いました。勝手ばかり申して、どうぞお察し下さい」

力のない弱々しい声だったが、ゆっくりと気持ちを伝えた。

「何のお礼もできませんが、唯一つ考えられますことは、身の上を語るのみです。どこの誰かも分からないままでは、御迷惑ばかりを残すことになりかねません。うまく話せないかもしれませんが、お話せねばなりません。その前に、もう一つお願いが……」

奥方は急に咳き込んで、言葉が中断してしまった。雪絵は慌てて背中をさすり呼吸を整えようとした。

「早いものです。あの忌まわしい事件から、二年が過ぎようとしています。最後に残った今となっては、私一人の為に、追ってなど来ないかもしれません。

その上、隣国といっても遠いこの地に、まだ一人生き残りがいるとは、暗殺者たちも気が付かないでしょうし。でも、用心には用心を重ねて、これからお話することは、外に漏らさないで下さい。お願い致します」

庄屋安之丞夫妻は、暗殺者という言葉を聞いたことで、息が止まりそうなほど驚いたが、つとめて平静を装い、決して他言することはないと約束した。萩は腰が抜けてないことを確かめながら立ち上がった。周囲を覗い、使用人達にも仕事を命じて離れ屋から遠ざけた。

事ある毎に申し訳ないと頭を下げる奥方を見るにつけ、雪絵の胸は苦しくなり目頭も熱くなってしまう。

「時は遡りまして、元和六年、正月が明けた頃、宇和島藩の不穏な空気は色濃くなっておりました。夫である家老、山岡忠兵衛は、ひそひそ声でこう申しました。

『自分を狙っている空気は尋常ではない。お前たちにも危害が及ぶかもしれん雲行きに変わってきておる。だが自分は何も恥じることはしてない。母上にもそのことを伝えて欲しい。だから何とかそなたたち三人は難を逃れ、息子嘉兵衛にもその真実を話して欲しい』と。まだ九歳の息子も不憫で、一緒に逃がして欲しいと願ったのですが、夫は聞き入れませんでした。『幼くしても武士の子。男らしく潔い最期であらねばならない』と三人の息子たちの肩を抱いて、決して離そうとしませんでした。

親子共々、悲しみを声にも出せず、涙を見せることさえ許されませんでした。唯々無言の別れでございました。三人の息子達は気丈な立ち居振る舞いで、まだ一歳にもならない娘梅と祖母、母親の私三人を見送ってくれました。霜が降りる頃で、梅の花は二つ三つと少しづつ開き始めた初春の夜明けでございました。

娘の梅を連れ義母上共々、夫が信頼していた商人の伊方屋仁兵衛殿に連れられ、密かにお屋敷に身を寄せたのでした。

夫は必要な事以外はほとんど話さない方でしたから、その真相はよく分かりませんが、妻の目から見ましても、暗殺されねばならない悪質な事は何一つなかったと確信しております。夫・忠兵衛が日夜頭を悩ましていたことは、貧しさから百姓たちを救う手立てでした。熱心なあまり、藩内の家老たちはいつしか忠兵衛を疎んずるようになっていたと、噂を耳にしたことはあります。例えば家禄を減らして、百姓たちに分け与える案も出していたようです。こんなことだけで、暗殺を企てるはずがありません。もっと重大な問題が生じていたはずです。私が知らないだけだったに違いありません」

奥方は大きく深呼吸して胸を押さえた。雪絵は慌てて奥方の背中をさすった。

「ありがとう。大丈夫よ、もう大丈夫。ちょっと息苦しくなっただけだから」

勧められるままお茶をすすり、姿勢を正して、奥方は再び話し始めた。

「予期していたこととは言え、あまりにも悲しくて恐ろしくて、目の前は真っ暗でした。知らせを受けたのは、六月二十日の未明でした。

ようやく伊方屋殿の屋敷に落ち着きかけたところでした。初めの予想とは違い、静かな時が過ぎておりました頃は、取り越し苦労ではなかったかと、半分安堵しかけていた矢先のことでした。悪夢はやはり現実に起こりました。

日振島の庄屋、榊仁左衛門殿が、顔色を失い取り乱して伊方屋へ駆け込んで来ました。榊仁左衛門殿には、伊予の国に入国した当初からずっと、大変お世話になった方です。忠兵衛の相談相手になってくださり、新しい地に慣れない私たちにも、何かと気を遣って心配していただいておりました。それは榊殿も心底夫・忠兵衛を信頼してくれていたからです」

再び奥方の様子が急変した。頭を押さえ体を震わせて嘆き苦しんだ。

「ああ、とても話せない。喉がとても苦しくなって。可愛そうな息子達。武士とはこんなにも悲惨な目に合わねばならないのでしょうか」

身体をくの字にして、奥方は泣き崩れた。安之丞夫妻の前であることも忘れ、取り乱していた。雪絵と萩は奥方を抱き起こし、布団に休ませた。

「今はゆっくりお休み下さい。ご気分が良くなってから、いえ、お苦しいのでしたら、無理に思い出さないで下さい。私共はもう十分でございますよ」

奥方から返答はなかった。目を閉じたままだった。顔をゆがめ、苦しげに喘いでいた。その夜、腹痛にも襲われたが、痛みを和らげる手立ては見つからなかった。

弥平両親に会う

実際のところ、弥平は宇和島藩の片田舎にある実家に向かっていた。

我が家の前に立った時、懐かしさのあまり、緊張していた力がスーッと抜けていくのが分かった。萱葺き屋根の貧しささえも、一見して見えてくる我が家に、改めて見とれてしまった。その間にも物音一つなく静寂さながらだ。

この家の中で妹と姫さまが惨殺され血の色で赤く染まっていたことも、悪夢だったと思いたくなる静けさだ。人の気配は全くない。弥平は足音を忍ばせて、裏の勝手口から入ってみた。家族だけが知る戸口があった。

外の空気がサーッと入ると、まだ血の匂いが鼻先にツーンと飛び込んできた。表の土間を雨戸の隙間を透かして見ると、姫さまと妹の血痕がどす黒く残っていた。厨を覗いても使っている気配はない。

どうも父と母は、この家で生活してないと考えられる。弥平はすぐ裏口をしっかり閉めてから、裏山に向かった。

そこも家族だけが知る場所で、小さな小屋と炭焼き窯があった。弥平は山道を歩きながら、ひとりでに考え込んでしまう。―我が家は城下から遠く離れており、しかも山肌に包まれて隠れ家と言える位置にあると言うのに追手たちは一族を根絶やしにするまで、執拗に追いかけて来たのか。しかも幼い乳飲み子まで息の根を止めねばならなかったとは。何故これほどまで山岡様を憎んでいたのか――。

それにしても両親までも、これから潜んで生きて行く運命に変えたという事件。そうなると、まだまだ油断を許さない城下の現状であると予想が付き、新たな不安を持ってしまった。

山に入れば夕暮れは早くなり、すぐ暗くなり始めた。煙が昇っている。炭焼き窯に火を入れている。両親は健在なのだと確信すると、足の動きも軽くなり速くなった。

息をはずませて戸口を叩いても、応答がない。片手ではびくともしなかった戸口は、両手に力を入れ全身で体当たりすると、ようやく開いた。

薄暗い小屋の中に最初に見た光景は、父が斧を持ち母が鎌を握って身構えている姿だった。こんなにまで警戒して生活しているのか。故郷の時計は止まったままで、暗殺者たちはまだ山岡家に関わる者を捜しておるのかと、一瞬息を呑んでしまった。

「息子の弥平です。驚かせてごめんなさい。突然だったから」

両親は息子の声も忘れたのか。まだ信じられないのだろう。弥平を見据えたまま身構えた姿勢をゆるめなかった。

「間違いなく、息子の弥平ですよ」

更に声を大きくして呼びかけた。

ようやく納得した両親は、握り締めていた道具を投げ出して、弥平に駆け寄った。

「ほんとに弥平よ。息子だよ」

「よく戻って来た。再び会えるとはな。疑ったりして悪かった」

両親は弥平の手を取り囲炉裏の前に連れてきた。

「ところで、母屋の中へ入ったか」

「はい」

それ以上のことは言えなかった。

「見て来た通りよ。なかなか跡は消えん。まだあの日を思い出しての。あんなに幼い里に抱かれた姫さまがな。……二人して真っ赤な血の中に倒れた無惨な姿での」

あの時、弥平と両親はこの山で、炭にする薪作りをしていた。未だに事件の場に居合わせていなかったことが悔やまれてならないと、繰り返し繰り返し呟やく。姫さまだけでも助かる道はあったかもしれないと、涙を拭きながら考え込んでしまう。

しかし何があってももう遅い。せめてもの償いに、なんとか生き残ることができた後室さまと奥方さまをお守りせねばならない。親子三人にできることは、それしかなかった。

「一度狙われると、どこまでも追いかけてくる。なんと執念深いことか」

手桶に湯を入れて、母は小走りで上がり口に置いた。

「汚れたとこは全部洗え。なんなら洗ってやろか」

「そんなことは頼めっこないに決まってるじゃないか。優しい言葉に涙がでそうだけど」

束の間だけど、息子に世話を焼けることが、両親は嬉しくてたまらない。父は酒を運び干物をつまみに並べた。母は蕨やぜんまいを干した山菜の煮付けを弥平に勧めた。三人は久し振りに膝を寄せ合い、頭をくっつけるようにして、ちびりちびり酒を酌み交わした。

「おまえも酒が飲めるようになったのか」

「今晩が飲み初めと言えるかもしれません。奥方さまに仕えるばかりで、酒を飲む時なんか全くない」

弥平は思わず本当のことを愚痴ってしまった。

「そうだろうな。お仕えする身だから。仕方ないさ。今夜はたらふく飲め。お前が飲むくらいの酒はあるからの」

嬉しいはずの弥平は、黙ったまま酒を飲んだ。息子を見る親の目は敏感だった。たまりかねた父は、何とはなしに問い掛けた。

「何かあるんだな。聞かせてくれんか」

心配するに決まっているから黙っていようとしたが、すっかり見透かされたのでは、ごまかすことはできなかった。弥平は父が作った竹のコップに、手酌で二杯三杯と酒を注ぎ、立て続けに飲み干した。その様に両親は驚きのあまり、声も出ず唯眺めるしかなかった。

弥平はようやく話せる気持ちに落ち着いたところで、姿勢を直し両親の顔を見つめた。

「奥方さまは、今危い状態です。食べれなくて」

「えっ、それはまたどういうことぞ」

「遠い北の故郷へ帰ったり、再び南の国へ戻ろうと長い旅の連続で、疲れもあるかもしれません。油断できないのは、腹部に難しい腫れ物ができているらしく、苦しんでいます」

「医者の薬も効かないとなれば、どうすればいいんじゃ。で、今はどこにおられるのか」

「土佐の藩で、六反地村の庄屋様に助けられ、お屋敷で世話になっています」

「またどうして、隣の藩ぞ」

それを話すと長くなるからと応じないでいると、夜はまだ長い、時間たっぷりあるからなんでも隠さずに話して欲しいと、両親は身を乗り出して息子に迫った。弥平は半分睡魔に引っぱられていた。

しかし息子をじっと見て待っている姿を眺めると、横になる訳にもいかない。弥平はあとひと頑張りせねばならなかった。

「父さんに命じられて日振島に渡ったのは、二年前の初夏でしたね」

そうだったとあの時を思い出したのか、両親は頭を垂れ目頭を押さえた。

「榊様もお優しい方でした。追手の心配も薄らぎ自然に恵まれた環境もあったりしたのでしょうか。後室さまも奥方さまも少しずつ元気を取り戻しておいでででした。

夏も終わりに近づくと、北国の冬は早いからと心配されて、榊様は船の手筈も整えて下さいました。私はお供をして日本海廻りで、仙台までお送りしたのですが」

「で、それからどうしたのだ。続きを話してくれ」

弥平はまた酒を飲んで、気持ちを整えた。

「海は穏やかで、長い船旅も機嫌良く過ごせたし、無事、雪が降り出す前にお屋敷に着いたんだ。そこまでは良かったけれど、後室さまはお疲れだったのでしょうか、床に伏せてしまわれ、そのままお亡くなりになられたのです」

「えっ、なんと不幸続きで。神様はお救い下さらんのか」

「何時亡くなられなさった」

「今年の春先でした。お好きだったという蠟梅の花も見ることなく、逝かれました」

「次々と大切なお方が亡くなられて、奥方さまのご心痛、いかばかりであろうの」

「忠兵衛様やご家族の皆様の法事を済ませたら、奥方さまも少しゆっくりとされるかと思っていたら、そうではなかったのです。どうしても伊予の国へ行かねばと申されて。実際のところ、家族の皆様が葬られているのは、宇和島藩ですから、そのお気持ちは良く分かりますが。長男の嘉兵衛様は止めたのですが、どうしても皆の霊を近くで弔ってやらねばと、強く申され決心は固かったのです。


奥方さまのお世話に、雪絵という娘も付けてなんとか土佐まで辿り着きました。ところが六反地村で急に奥方さまは腹痛を訴えられ倒れたのです。後はさっき話した通りです」

「そうだったのか。医者はよく診てくれたか」

「庄屋様も大層ご親切な方です。夜中でも医者を呼びに駆け付け、医者もその都度来てくれました。薬をいろいろ変えては様子を診ていた甲斐も虚しく、明るい兆しは見えてこないのです」

「誠にお気の毒じゃ。すべてがお気の毒で、お慰めする言葉も出てこない」

「でもね、弥平がしっかり奥方さまのお役に立ててるんで、嬉しいよ。よく頑張ってる」


村から出たこともなかった弥平が、一時の間に頼もしく成長してくれたと、嬉しさと悲しさが一緒になって、両親は大泣きしながら弥平を抱きしめた。

弥平の目はすでに押さえ切れなくなっていたが、今一度奮起して目を開けた。ここで寝てしまうわけにいかなかった。先に時間はなかった。

「今度は、私に聞かせて欲しいことがあります」

「何ぞ」

「今の城下ははどんなですか。暗殺者たちは、益々幅を利かせているとか」

「それがのう、山岡様がいなくなってから、百姓たちの生活は改善する前と同じになって、貧しくなるし病は蔓延し死者は続出し、作物も不作で餓死者も出てるそうだ」

「逆から言えば、城内で藩士たちは何不自由なく暮らして、城外の百姓たちには無関心ってわけだと言っても過言ではない。それじゃぼちぼち、父さんも母さんも山を下りて普通の生活に戻ってもいいかもしれんよ」

弥平はとうとう何をしゃべっているか分からない程呂律が回らなくなり、ついにごろりと横になってしまった。布団を掛けてやりながら、両親は顔を見合わせた。

「弥平が判断した通り、炭焼き窯の様子を見たら、一度家に帰ってみるか。家にはまだまだ後始末が残っておるぞ」

「そうですね。見てごらんよ、寝様はまだ子どもでも、すっかり頼もしくなって、酒も初めてにしては、いい飲みっぷりでしたよ」

弥平は毎日気を遣いながら仕えてばかりの身であった。そんな思いを吐き出すかのように、親の前で安心して酒をあおったのであろう。その夜はすっかり解放され親に囲まれ、久々に息子にかえり、甘えてしまったのかもしれない。

眠ってからどれくらいの時が過ぎていたか。弥平は急に起き上がり、体を洗いたいと言い出した。今洗ってないとこれから先、いつ湯浴みができるか分からない。母もそれを察して、すぐに湯わかしに取りかかった。随分長いこと着替えた風にも見えない。母はたまらなく悲しくなり、父親の着古した物の中でもましな衣類を探して弥平に渡した。

長い湯浴みだった。その間、母は何回か湯桶で熱い湯を息子に渡したことか。

「久し振りに、さっぱりした気分だ。また元気が出たよ」

少しだぶついた父親の着物を着て現れた弥平の顔は明るかった。

「朝になれば悲しい知らせを持って、再び仙台へ向かうのだろう」

「そうです」

「大変だが道中気を付けてな。できるだけ早くお屋敷に着くよう、祈ってるよ。かわいそうな里も、兄貴の働きで浮かばれるだろうし、そればかりか、きっと喜んでくれるから」

「皆さんの為に頑張るよ」

その後弥平は、再び深い眠りに落ちた。何の気遣いもいらない小さな小屋で、両親に見守られ安心しきって眠り続けた。

母の呼ぶ声で弥平は目を覚ました。二日酔いとはこのことに違いない。頭痛がする。体に力

が入らず、歩いてもどこか焦点が合わない。そんな様子を見た父は、

「水をかぶって来い」

と力の入った声で一喝した。弥平は言われるままに、冷たい水を頭から流した。そのせいか、すっきりして部屋に戻った。

卓袱台に朝餉が用意されている。普段の家とは場所が変わり不自由していても、母の心遣いは以前と変わらない。唯々有り難い。子どもの頃に返ってしまう感じである。みそ汁も非常にうまい。

「おふくろの味だね。おいしいよ」

「この味で良ければ、いつでも帰っておいで。待ってるよ」

「うん」

再び親と別れる時が迫っている。

「食べ終わったら出発せよ。暗いうちが良かろう」

外はまだ暗い。父は先を読んで行動せよと言っているのだ。母は弥平に洗濯された衣類を渡した。夜中にもかかわらず、父は山を下り家から残っている弥平の衣類を持って来たのだ。弥平は驚きもし、また感謝の念で目に涙を浮かべながら、身支度を急いだ。何日分かの食料と、一晩で編み上げた藁沓も添えられた。

「雪国のことも考えてくれたのですか。ありがとうございます」

「お前こそ大変じゃ」

「道中、気をつけてな」

父は確かめるように眺めていた。息子の背中にしっかり括られている荷物を。そして別れ際にその背中をポンポンと叩いた。母はしきりに手ぬぐいで顔を拭いている。弥平は両親との別れがこんなにも悲しいものかと、改めて痛感した。と、ふと脳裏を掠めたことは、永遠の別れを強いられた山岡家の皆様の、苦しみや悲しみは如何程だったかということだ。

「きっと又帰りますから、お達者でいてください」

未練がましい気持ちなど拭い捨てるようにくるりと身を返すと、振り返ることもなく、真っ直ぐ船着場へ向かった。

奥方の悲しみあふれる話

あれから二日間床に伏せていた奥方も、なんとか三日目の朝には床を上げた。身なりをきちんと整え、日当たりの良い縁側に用意された座布団に正座した。朝日を浴びながら、黙ったままだった。朝の空気を楽しみ、一呼吸入れた頃、安之丞夫妻が訪れた。萩の手にはいつものように茶が用意され、手作りの芋菓子も添えられている。

奥方は両手をつき、世話をかけて申し訳ないと頭を下げるのが習慣付いたみたいだ。以前はこんな姿はなかったのにと、雪絵は変わり果てた奥方を見るのは耐え難く悲しかった。

「雪絵、ここにいらっしゃい」

雪絵は人知れずそっと涙を拭き、奥方の傍に寄って行った。

「雪が多くて日の短い北国育ちのせいでしょうか。色白で細面でございましょう。気立ても良く、よく気が利いて動いてくれます。仙台の長男の家で働いていましたが、この度は長男の計らいで、私と一緒に南の国へ旅してくれました。弥平がこの場にいないのが残念ですが、どこへ行ったのかしら。

弥平は宇和島の山奥の生まれですが、父親が炭の商いで伊方屋さんから信頼を受けるようになりましてね。伊方屋さんから声を掛けられ、弥平の妹は私の娘の子守り役に雇っておりました。妹は十歳になっていたでしょうか。かわいそうな目に合わせてしまって。娘は十カ月でした。

あの忌まわしい事件で追手から身を隠す為に、弥平の家に移りました。城下からは遠い山中でしたから、ここまでは追手は来るまいと安心しておりました。伊方屋さんは何かと気を遣って下さり、忠兵衛や息子たちの霊を弔ってはどうかと声を掛けていただきました。無惨な死から五十日が迫っていたのです。義母と私はいても立ってもおられず、早朝に家を出て昼近くようやく、埋葬されている場所近くまで着きました。人目に付かぬよう木の陰からお参りをすませた所へ、知らせがきたのです。弥平の父親でした。今にも倒れんばかりに息せき切り、小さな声でしぼり出さんばかりに「やられました」と。伊方屋さんが弥平の父親が落ち着いた頃、聞き質してくれ内容は、私の娘を抱いたまま、弥平の妹共々殺されてしまったとのことです。

弥平の両親はもちろんのこと、兄である弥平の悲しみを思うと、胸がはり裂けんばかりの無念が込み上げますが、言葉になりません。こんな状態の中で弥平は、不満も悲しみも憤りも淋しさも、すべてを胸に留めて、懸命に尽くしてくれます。

こんな弥平と雪絵を、行く行くは夫婦にさせて平凡でいいから、本当の幸せをつかんで欲しいと願っているのです。でもね、今の様な状態では、いつのことになるかしら。幸せも与えてやれないなんて、とても申し訳なくて」

安之丞夫婦は、話が続けば続くほどあまりにも残酷な運命を被った奥方が、おかわいそうに思われるし、優しい心を察して受け止めた。

「本当に申し分のないお二人です。弥平さんも心の中では、色白でおきれいな雪絵さんをお慕いしてるかもしれませんよ。奥方さまがお元気になられましたら、夢が叶いますから、決して弱気にならないで下さいませ」

雪絵はどう応えたらいいか分からず、恥じらいながらうつ向いていたが、しばらくしてようやく顔を上げた。

「奥方さまのお傍にいられるだけで、十分幸せでございます。今はただ奥方さまがお元気になられることだけを願っているのです。どうぞ余分な事に気をお遣いにならず、ごゆっくり養生なさって下さい」

「ありがとう」

奥方は雪絵の手を取り、すべてを察し覚悟している淋しい声に聞こえた。すぐ思い直した奥方は茶だけを頂くと、ゆっくり姿勢を整え改めて話し始めた。

「元和六年六月二十九日の出来事を、日振島の庄屋様、榊仁左衛門様が、伊方屋さんの隠れ家まで知らせに駆け込んでくれました。私は仁左衛門様の荒々しい呼吸と顔面蒼白で、口は震えが止まらず立っているのもやっとという姿を見て、すべてを察したのです。

事実が言葉で伝えられるまでに、覚悟の時間は十分でした。しかし震えながら語られる惨状は、想像を絶するほどで気が遠くなるものでした。義母もガタガタ震えながらも、さすが気丈に聞きもらすまいとする必死な姿でした。

『かわいい、大切な孫たちも、皆殺されたと』

さすがの義母も耐え切れなくなって、畳に顔を埋め声を挙げて泣き崩れましたね。子どもたちの苦しさはどれほどだったかと思い浮かべると、かわいそうで苦しくて、何もしてやれない母が情けなく悲しくて、義母と一緒に涙が枯れるまで泣きました。今ふりかえっても、他になすべきことがあったでしょうか」

「いくら悔やんでも、何もありませんよ。ただ憤りとくやしさと悲しさだけが残って」

「それにしても、なんという悲劇が仕組まれたことでしょう。恐ろしいですよ」

他人事とは思えなくなった。庄屋の声は荒々しくなるし、萩も興奮して着物の袖を握り締めていた。

「わたくし共も夫や子どもたちの後を追って自害をと決めました。でも傍にいる仁左衛門様や伊方屋様に止められ、やっと気が付きました。

冷静になってみると、初めて授かった娘の顔が見えました。何事も知らずに眠っていたのです。娘の為にも、死のうとしたことは軽はずみでした。それに夫・忠兵衛から頼まれていた大事なことを忘れていました。それは仙台へ帰らねば、どうしても果たせないことでした。事件が現実となったら、子細を大殿様や長男の嘉兵衛に必ず報告するよう、仰せつかっておりました。二つのことは終わりましたが、最期の一つ、一族の無念を晴らしたいとここまで来ましたが、どうやら果たせぬまま次の世代にお願いすることになりそうです」

「ようく分かりました。これも何かの御縁かもしれません。奥方さまの苦しみに秘められた恐ろしい真相を知ることができました。ここは伊予の国からも遠くて、山に囲まれた小さな村ですから、たまたまここに身を寄せているなどと、気がつく者はいないと思います。どうぞ安心されて養生なさって下さいませ」

「お世話になる時間が思いの他長くなって、申し訳ありません」

「いいえ、何かと不自由かもしれませんし十分なことができませんが、何の心配もなさらないで下さいませ」

話が途切れたところで、萩は座を立った。すぐ新しい茶を持って現れた。雪絵も気を遣って皆の茶碗に温かい茶を注いだ。

奥方は温かい茶をいただきながら、限られた時間が刻々と迫っていることをかみしめていた。

今話しておかなければ、すべてが闇に消されてしまう。焦る気持ちは、心臓の鼓動に早鐘となって伝わっていく。

「話の後先、重複しているかもしれません。お許し下さい。七月十三日でございました。盆が来て町は賑わっていると聞きました。丁度夫や子どもたちが命を落として四十三日目、初盆の日にも当たりました。

するとどうしてもお参りしたい気分になり、遠くからでもよいから手を合わせ無念を分かち合いたいと伊方屋さんにお願いしました。伊方屋さんは、まだ危険は残っていますと言いながらも、人目を忍んで行かせてくれました。

やはり木碑で質素な墓でしたが、近付くことはできませんでした。かなり離れた小陰から、息子たちといつまでも手を取り合ってなごやかな日々であってほしいと祈りました。すぐには立ち去り難く、賑やかな光景を眺めておりました。

なんと嬉しいことに百姓たちが、列をなして詣でてくれているじゃありませんか。忠兵衛の願いが百姓たちには十分届いていたのかと、改めて感激しました。忠兵衛が苦労してきたことが無駄ではなかったと、きっと喜んでいると確信してきました。息子たちもそんな父を誇りに思い、苦しみも恐ろしさも抱いて、最期まで父と一緒だったことに後悔はないと、はっきり私たちの胸に伝わってきたのです。

その時でした。ずっと世話を受けることになる運命の方に、ばったり出会ったのです。日振島の庄屋榊仁左衛門様と、全く偶然でした。今にして振り返れば、神様がお導き下さったと思えてなりません。感謝に堪えません。

わずかな時間でしたが、義母も久々に笑顔で話し、再会を喜び合っておりました。その間も気を配って神経を尖らしていた伊方屋さんの目に、気になる様子の男が映っていました。

その男は慌てふためき誰かを探している風だった。

「奥方さま、あの者を知っているのでは」

伊方屋さんが指差す方を見た奥方の顔色がさっと変わった。仁左衛門も何事かと目を向けた瞬間、はっと息を呑んだ。再び何事かが起きそうな恐ろしい予感だった。

姫の名は梅

「子守りをしている、娘の父親だが」

奥方の話が終わらないうちに、仁左衛門は人目を避けながらも、小走りで男の元に急ぎ木陰に導いた。弥平の父親の顔から汗が流れ、半分錯乱状態だった。奥方や後室さまを見るとパタッと倒れ込み、喘ぎながら何かを伝えようとした。仁左衛門は水を与え、気を静めるように背中をさすってやった。

「誠に、取り返しのつかぬことになりました。申し訳ありません」

それを伝え、父親は唯大粒の涙を流すばかりだった。声がつまって言葉にならなかったが、

「ゆっくり話せばよい」

と落ち着いた伊方屋の声に励まされた。

「事件は、日が高くなって、間もなくのことでしょう。そう推察できます。昼飯の為にわしら三人は山を下りて来ましたら、黒覆面をした二人の男が、家の中から走り去る姿がありました。慌てて表に回り嫌な予感を払いのけるように扉を開けました」

再び父親は声をつまらせ地面に顔を埋めて、すぐには顔が上げられなかった。

「娘は姫さまを抱いて、土間から逃げようとしていたに違いありません。真っ赤な血で染まった二人は、無惨な姿で息絶えておりました。いや、いやそうではない。抱き抱えるとわしの娘は微かに意識を取り戻し、『お助けできなくて、ごめんなさい』と。小さな小さな声でそれだけを言い残して事切れました」

その時も娘はしっかりと姫さまを抱きしめており、幼いながら無念でたまらないという表情に見えたという。父親は声を殺して泣き続けていた。が、涙を拭うと、

「大変なことになりまして、取り返しのつかない惨劇が、またもや起こってしまいました。なんとお詫びしてよいか、言葉もありません」

「どこまでも追いかけて、我が一族を根絶やしにしたいのか。どうして、何故なのか。あわれな孫たちよ。小さな乳呑み児まで、刃にかけるとはな。なんと恐ろしいことか」

後室までも腰を抜かし、へなへなと座り込んでしまった。奥方は懐から懐剣を取り出し、後室の側へにじり寄った。

「義母上さま、もうこれまでです。今度こそ、お覚悟を」

狂ったように振るまう奥方を見て、仁左衛門は慌てて懐剣をもぎ取った。それから後室を強い力で抱えていた奥方の手をゆっくり離した。

「早まってはいけません。旦那様の願いも果たせないままでは、申し開きもできません。もう一度だけ目を覚まして下さい。無念で怒りも込み上げ悲しいのは、我々も同じでございますよ」

父親もようやく立ち上がり、仁左衛門が次に何の話を持ち出すのか、じっと仁左衛門を見つめ待っていた。

「私には船があります。ひとまず船で私たちの島に身を隠しましょう。そして機会を待つのです」

ようやく考えがまとまった父親は、落ち着いて話した。

「奥方さまも後室さまにも悲しいことです。姫さまの最期を看取ることはできませんが、わし等で手厚く葬らせていただき、時が来るまで大切にお守りいたします」

「せめて血に染まったままでいい、抱きしめることができたら、最期の別れをすることができるのですが、それすらできません。どうぞ後はよろしくお願い申します。梅だけではありません。里ちゃんもかわいそうで、胸がしめつけられる思いです」

二人は声を押さえて泣き崩れた。仁左衛門は里の父親の傍に行き、息子を頼むと願い出た。父親はすぐ承諾し船着場を聞くと、奥方と後室に目礼して引き返した。

父親は怪しい人影がないか四方に目を配りながら、山奥へと登って行く。炭焼小屋が見えてきた。その脇に住まいとしての小さな小屋がある。微かに差し込む西日の中に、弥平の母は顔中涙でぐしゃぐしゃにして座り込んでいた。むしろの上に寝かせている姫さまと里の体を拭き続けて止めない。白くて柔らかい餅肌が見えるまで根気よく血を落とそうとしている。

「姫さまもむしろの上に寝かしてか。他にないから仕方ないのう」

そんな姿の女房に声をかけることもできず、父親は自分で握り飯を作り準備が整うと、墓を掘っている弥平を呼びに行った。

慌ただしく小屋に戻ると弥平を座らせ、懇々と説明をした。

「とにかく、わしの言う通りに動けばよい」

父親は立ち上がり、隅に置いている長持ちから、長い物を取り出した。それは布で幾重にもぐるぐる巻きにして、一見何やら分からない物だった。いかにも大事そうに抱え、弥平の前に丁重に置いた。弥平は何か分からない物にひどく敬意を表している父の姿が、不思議でもあり滑稽にも見えていた。

「これは、里が子守りとしてお屋敷に上がる時、山岡様から渡された刀だ。何かの時に役立てよと申されての。こんな形で弥平に預けるようになるとは、思いもよらないことじゃが、その時が来たようだ。今まで刀など目近に見ることもない、触ったこともないお前じゃが、これからは暇を見つけては技を磨き力をつければいい。そしていつまでも奥方さまや後室さまをお守りするのだぞ」

握り飯と水を持たせる母親の顔は、更に悲しさと不安を耐え忍んでいた。女房のそんな姿に慰めの言葉もかけてやれず、

「詳しいことは後で話すから」

とだけ言ってから、準備に慌てていた。最後に仁左衛門たちが待っている船着場を教え弥平の背中をポンとひとたたきして旅立たせた。親子二度目の別れとなった。一味の者に決して見つかってはならんと強く警告したことを、女房は何も知らなかった。

西日が間もなく山の稜線に消える頃、父と母は唯無事を祈って佇むしかなかった。


奥方の身の上話はここまでだった。

「お分かりいただけましたでしょうか。このように周囲の方の計らいで、仁左衛門殿の船の中で初めて顔を合わせて以来ずっと弥平は私共の傍で仕えてくれているのですよ」

庄屋夫妻は思わず大きな息を吐き、深く頷いた。

「よくここまでお話くださいました。苦しさや悲しみを我慢されて、よくぞ語ってくれました。話に引き込まれ他人事とは思えなくなり、奥方さまと同じように苦しくなって憤りさえ伝わって参りました。下手なお慰めは致しませんし十分なお世話はできませんが、どうぞ私共の気持ちをお汲み取り下さいませ」

「お世話をおかけしながら、これ以上、何が望めましょう。こちらこそ苦しい思いまでさせてしまい、誠に申し訳ありません」

庄屋夫妻は深く頭を垂れ、奥方の顔を見ることはできなかった。

「時を遡りますと、これからの話は弥平との長旅が始まるのです」

庄屋夫妻は奥方の身体を心配して、今日はゆっくりと休息なさって欲しいと哀願していた。

実のところ奥方は肩の荷を下ろしたのか、それから床に着くとぐっすり眠りに着いた。

帰国の途へ

元和六年九月七日。榊仁左衛門は、嵐が通り過ぎた海を眺めていた。嵐の後の静けさかと、ひとり呟く。だが時折海から吹き上げてくる風は、ざわざわと木々を揺さぶり、去り難い嵐の余韻を振り撒いていた。

こんな状態を何度か繰り返しながら、ようやく静けさが戻った時、仁左衛門は秋がもうそこまで近付いて来る気配を受け止めていた。すると急にのんびりとしておれなくなり、浮き足立ってきた。北国の冬の訪れは早いと聞いている。陸奥の国が雪に埋まる前に、奥方と後室さまをお送りせねばならない。女の足で、しかも鍛えられていない身体で、冬の道を歩くのはさぞかし難儀するであろう。嵐の季節は間もなく終わるはずだから、旅に出るのはこの時期が一番良いはずだ。そう考えが纏まると、迷うことなく真っ直ぐ離れ屋へと向かった。

母屋の庭を通り過ぎ、離れ屋へと急ぐ。強風に煽られた後は、落ち葉が極端に増え庭を埋めつくしていた。弥平は落ち葉の中に埋まりながら、覚束ない手つきで箒を動かし落ち葉を掻き集めていた。仁左衛門に気がつくと、手を止めて元気良く挨拶した。

「若い者は、はつらつとして、ええのう。強い風だったが、大事はなかったか」

「お二人は強風の暴れ様に驚いて、部屋の中を歩き回って不安げでしたが、今は落ち着いておられます」

それはよかったと仁左衛門は笑顔を浮かべた。だがすぐに真顔に変わり、弥平と向き合った。

「そなたはまだ若い。親御さんもなんぼか気がかりであろうし、妹があんなことになってすぐだから、余計心配しておることだろう」

「はい、それは。妹は幼い胸に姫さまを庇う一心で、大人の刀と向き合ったのだから、なんぼか怖かっただろうし、姫さま共々かわいそうでなりません。両親も耐え切れない苦しみや悲しみに涙ばかり流しておりますが。奥方や後室さまをしっかりお守りするよう、きつく申しつかって参りました」

「そうか、そんな胸の内を聞かせてくれて、安心したよ。そこで一つ頼みがあるのだが」

仁左衛門は海が見える石の上に腰を下ろし、弥平にも腰かけるよう横の石を指さした。

「静かになりましたね」

先ほどまでうねっていた荒波が消え、波音も聞こえない穏やかさだった。仁左衛門は、そうだなと小さく頷くと、すぐ次の話を切り出した。

「実はな、時期を見てお二人を仙台までお送りしようと計画を立てていたんだが、どうやらその時が来たようだ。北国の冬将軍は南よりずっと早く到来すると聞いておるし、何せこの地から非常に遠い所だ。

嵐が過ぎた途端、急に秋が忍び寄っていると伝わってきている」

その時、海から風が吹き上げてきて、落ち葉がカサカサ音を立てて舞い散った。

「この音だ。秋を誘う淋しい音だ」

「それで、早い旅立ちを決断したのですね」

「その通り」

少し間を置いて、仁左衛門は大人と向き合うような視線で弥平を見ていた。

「そなたへの頼みを、今から話したい」

弥平は、とっくに覚悟はできていた。

「お二人に付き添って、仙台まで一緒に旅をしてくれまいか」

「はい、もちろんお供させていただきます。自分の身が健在である限り、どこまでもお二人をお守り致します」

「快く引き受けてくれ、安心したよ。礼を言うぞ。頼みはこれだけではないが、まずお二人に伝えねば」

事が決まれば善は急げとばかりに、仁左衛門は矢庭に腰を上げ、すたすた歩き出した。弥平も箒を持ったまま、後を追った。

「島の時化には驚きました。こんなに強い風は初めてよ」

「本当に、海からの風が荒々しくて。家の回りの音も、例えば木々の軋み、木の葉の擦れ合う音も掻き消されるほどの大きな海鳴り。義母上さまは、ゆっくりお休みになれましたか」

「知っての通り眠れなかったけど、それは仕方ないことだから気にしないで」

後室はさりげなく受け流した。じっと目を閉じたまま、慣れない手つきの奥方に肩を揉んでもらっていた。奥方の気持ちは、何としても義母には立ち直ってもらわねばと祈りながら、肩もみに挑んでいた。また義母を励ますことが、倒れそうになる自分を励ましているのだと考えていた。黙り込んだ二人は、人の気配を感じて視線を庭に向けた。

「あら、仁左衛門様ですよ」

二人は目が醒めたのかパッと姿勢を直した。

「おはようございます。酷い嵐でしたが、大丈夫でしたか」

「はい、長くて暗い夜も退屈する間などありませんでしたよ。大変騒がしくて」

「左様でしたか。その分ゆっくり午睡などなさって下さい」

「こんなに優しい言葉を掛けていただき、嫁からは肩を揉んでもらったり、年を取るのも悪いことばかりではないのう」

「本当に、仁左衛門様には親切にしていただいて。義母上さま、その分長生きしなきゃなりませんね」

「そうなりたいが」

いつもになく明るい表情の後室から、奥方も静かな貰い笑いをしている。仁左衛門は弥平を振り返り、嬉しいと言わんばかりの笑顔を見せている。弥平も納得して一礼を返すと、箒を持って落ち葉の片付けに戻った。

仁左衛門は、少し邪魔をしてよいかと挨拶を交わすと、縁側の端に腰を下ろした。

「季節とはよくしたもので、嵐が一つ通り過ぎる度に、秋が近付いてくるのです。今回は三度目だから、昨夜の嵐が一緒に夏を持ち去った模様です」

仁左衛門は何時本題に入ろうかと、頃合いを覗っていた。

「北国の冬は、間もなく始まるのではないでしょうか」

「そうですね。ここ数年暖かい季節に慣れっこになりまして、寒さの厳しい北国を忘れかけておりましたが、義母上さま、いかがでございますか」

「まだ雪虫が飛び始める頃にはなりますまいが、朝夕の冷え込みはそろそろでしょう」

「そうですか、やはり急いだ方がいいですな。実は……」

仁左衛門は、姿勢を正して話し始めた。

「お国へ皆様をお送りしようと考えております。お二人には御相談もせずに申し訳ありませんが、これは山岡様に味方する皆様の願いでもあるのです」

後室も奥方も目を大きく開いて驚き、夢のような話だと、手を叩かんばかりに喜んだ。

「船で日本海を渡るとして、季節は今が一番良いかと考えております。日本海は冬には荒れやすいとされていますので、海が静かな時に北に向かわねばなりません」

二人の笑顔はすっかり消え、やはり何かと世話をかけると頭を下げた。

「どうぞ、頭をお上げくださいませ。そこで出立に当たりまして、こちらの予定をお話します。よろしゅうございますか」

「何から何まで申し訳ありません。仁左衛門様のお考え通りにさせていただきますゆえ」

「それではお話します。明後日、手前の持ち船で島を出ます。下関まで、女房たちと共に数人でお見送りさせていただきます。下関からは知人の商船にお頼みして、出羽の酒田港まで行っていただきます。そこでは小舟が用意されていますから、すぐ乗り代えていただき、川を遡ることになるはずです。船での長旅になりますが、この方法が最良かと思われます。

船の中で荷物と一緒になり不自由とは存じますが、御座のお部屋は用意させていただきます。きっと穏やかな海上を、ゆっくり安心して旅をしていただけると信じております。」

「誠に仁左衛門様には、私ども家族が伊予の国に入国したその日から、最後まで配慮いただきました。なのに何もお礼ができないままお別れになりそうで、誠に申し訳なくて」

「私共の方こそ、お礼を申さねばなりません。忠兵衛様は百姓たちの生活に目を向けて下さり、命を、否一族皆様の命を賭して藩を治めようとしてくださいました。忠兵衛様をお慕い申していた者は皆、今失意のどん底です。残っている望みは、お二人をお守りし何としても生き延びていただくことでございます」

「そう思っていただくだけで、忠兵衛もさぞかし安堵しておることでしょう。忠兵衛に代わりまして、誠にありがとうございました」

いつの間に来たのか、弥平が傍の石に腰かけて、静かに耳を傾けていた。仁左衛門は弥平に手招きして、近くに呼び寄せた。

「弥平が仙台までお供しますので。まだ若い男ですから行き届かない面もありましょうが、安心して任せられる若者だと確信しております。どうぞよろしくお付き合い下さいませ」

弥平は思っていた。自分が言うべきことをまるで父親代わりに、すべて話している。その気持ちに応えねばならない。

「はい、仁左衛門様に安心していただけるよう、お二人をお守りいたします」

「有り難いことです。そなたも妹を亡くしながら一緒に旅までしてもらうことになり、因果なことですよのう」

「でも弥平よ、梅と一緒に妹も仙台へ連れて行くと思って、よろしくね」

「はい、お役に立てるよう励みます。なんなりとお申し付け下さいませ」

弥平はこの時初めて会得したのか、かしこまって頭を下げた。

仁左衛門は二人を送り出す段取りが整ったことで、ようやく寛ぎを覚えた。

「悲しい、苦しいことばかりが続きましたね。長い旅ですから、せめて船から広い海を眺め故郷に明るい夢を持って、気を晴らして下さいませ。必ずまた生きる勇気も湧いてくる日を信じております」

「仁左衛門様のお言葉を、最後の息が絶えるまで大切にいたします」

「安心しました。お名残惜しいですが、出立まで、ごゆっくりお過ごしなさいませ」

去り際に、仁左衛門は弥平を振り返り何やら囁いた。

その夜弥平は、仁左衛門から言い付かった通り、母屋の一室に畏って座っていた。全身に力が入り、正座している足は徐々に痺れ始めていた。ところが汗を流し少し酒が入った仁左衛門は、昼間とはまるで人が変わり、ゆったりと構えた庄屋様だった。

「力を抜いて、楽にしていいぞ。時間が掛かる予定だから、まずは菓子を食べて茶も飲んで、頭の動きを良くしてくれよ」

弥平は言われた通り茶を頂き、喉を潤した。菓子には手を付けなかった。夕飯の後だけに腹は張っていた。仁左衛門は弥平が一息ついた頃を見計らって、丸く巻いた紙を目の前に広げた。

「お二人には、事件の詳細は知らされてないと思う。残虐だけに、山岡公もそれを望んでおられたから。しかし仙台の嘉兵衛様には、事実をありのままにお伝えしておきたい。いやお伝えせねばならん。そなたに頼む以外にない。城主の大殿様の元には、事件後直ちに早馬が走ったはずだが、詳細は伝えられてないと言う。

その事実の詳細を伝えられるのは弥平、そなただけだ。嘉兵衛様にはなんとしても、真相を知ってもらわねばならん。そして山岡公の疑いを晴らし、謀反を企てた者たちの腹黒さを処罰せねばならん。野放しにはして置けない」

「よく分かりました。ですが私の手に負えない大仕事に思えて、恐い気がします。こんな私でいいのでしょうか」

「そなたを見込んでのこと。頼りにしてるぞ。

この巻き物には、事件が起こる以前の藩の情勢、何故山岡公が家老たちから疎まれ、藩主も引き込み暗殺を企てるに至ったのか、謀反人たちの名前も記してある。

腹黒い者たちは執念深い。次に何を狙っているか分からない。道中万が一のことがあれば、この巻き物は即刻処分してもらいたい。その時の為に、これからわしが話すことを、すべて頭に刻み込んでもらいたい」

弥平は聞けば聞くほど重大な任務であることが分かり、仁左衛門様の前から逃げ出したい気分だった。学問も武芸も何一つ触れることすらしてない我が身。それなのに藩の情勢や事件の詳細まで丸覚えせよと言う。できる訳がない。弥平は再び落ち着きを失い、全身の血が騒ぎ、仁左衛門様にも分かるほど息づかいも荒々しくなっていた。それを察した仁左衛門は、静かに諭した。

「学問がなくても、そなたにはできる力がある。話す内容を記憶に留めるだけだ」

逃げ出すこともできないまま、弥平は突然に始まった仁左衛門様の話に、耳を傾けざるを得なかった。

初めは不安でうろたえていたが、次第に聞き慣れてきた。そのうちどんどん頭に入ってくるではないか。仁左衛門様の方に身を乗り出し、一心不乱に覚えようとしている自分に弥平は気が付いていなかった。


筆頭家老、桜木弦蔵が企てる数々の陰謀だった。山岡公を孤立させ、山岡公の失政だと事あるごとに藩主に申し立て、山岡公の落ち度を認めさせた上で、暗殺を実行したと。一本の粗筋はこういうことになると納得できた。

ではいったい桜木弦蔵に従う家来たちに不満を抱かせる理由は、なんだったのか。

一つ目は単純なものだった。諸々の家老たちにはない実直さが、忠兵衛にはあったと言える。忠兵衛は常に城外に出て、困窮に瀕する百姓たちの生き様を巡回して見まわり、直に声を掛けて励ました。その後少しでも生活が楽になる政策を日夜考え悩んでいた。熱心に耳を傾け貧しい暮らしに目を向けてくれる役人だと知り、百姓たちは忠兵衛を理解し次第に慕い始めた。

城の中から眺め、山岡公と村人たちの仲を噂で知った家来たちは、山岡公にねたみの目を向けるようになる。

二つ目は、財政の問題だった。困窮に喘いで止まない要因と考えられる。山岡公は家老たちの給金を減らし、百姓たちを救援する方に回す案を提案する。言うまでもなく、家老たちは応じるはずはない。筆頭家老の桜木弦蔵が先頭にいるので、自分たちの生活だけを握っておきたい大多数の家来は、桜木に従った。苦心して策を練っても、山岡公は憎しみだけを蒙ることになってしまった。

仁左衛門は要所要所では、念を入れて覚えさせた。弥平は目を閉じたり開いたり、口の中で呪文を唱えるかのように、それを何度も繰り返し頭に刻み込んだ。とうに子の刻を過ぎているが、仁左衛門は全く気にせず話し続けた。

元和六年六月二十九日の夜。暗殺場面の話は、身の毛がよだち背筋が凍るほどの怖さだった。

次男、三男と忠兵衛は柱に縛りつけられ、まず父親忠兵衛の目の前で、息子二人は次々に惨殺された。忠兵衛は息子の最期をしっかり見届けた。泣き声、叫び声一つ挙げることなく、潔い最期に感涙した。次の瞬間忠兵衛の体を刃が二度三度と襲った。最期の力を振り絞って、目の前の暗殺者に言葉を吐き出した。

「そなたたちは、間違っている。間違っている……」

声が消えると同時に、忠兵衛の息は絶えてしまった。

隙間を縫って闇に中を逃げ惑っていた四男も、ついにつかまり松の木に宙吊りにされた。父親や兄たちは既に事切れていることも知らず、矢の的にされて息絶えたという。弥平より五つ歳下だった。

最後に姫さまを抱きかかえたまま惨殺された妹里の話に入ったが、さすがに仁左衛門はためらって話が進まなかった。

「この場面は直に見ておりますから、お話はおやめ下さい。嘉兵衛様には、きちんとお話しておきますゆえ」

「そうだった。うっかりしておった」

弥平は思い出す度に止めどもなく涙が流れ落ちていたが、この夜も同じだった。仁左衛門様が目の前にいても、涙を止めることはできなかった。この涙がこの時は次第に桜木一味への恨みとなり怒りと変わって、胸の鼓動も激しく高鳴っていくのを、どうすることもできなかった。

海辺の夜明けは早い。障子の外が明るくなり始めた。

「随分長い時間、相手をさせてしまった。疲れたな。御苦労だった。早う部屋に帰ってちっとでも休んでくれ」

弥平は広げていた巻紙を小さく折りたたみ、懐にしまった。痺れた足腰に四、五回パチンパチンと気合いを入れると、仁左衛門様に深々と頭を下げてから庭に降り立った。

翌日、港の方が妙に賑やかになり、ぱっと目を覚した。朝日が妙に眩しかった。すっかり太陽は水平線を離れている。弥平は急いで身支度を整え外に出た。朝の空気に、ひやりと冷たさを感じる。これが仁左衛門様が言っておられた、忍び寄る秋の涼しさかと思った。風もない。穏やかな一日になりそうだ。海も凪いでいた。

後室は仁左衛門に支えられて、船に乗り込んだ。奥方、弥平と続き、仁左衛門の女房や数人の使用人も付き従った。船乗りたちは大声で掛け合いながら帆を揚げている。幸運の風を呼びながら先導する数隻の小舟。その船の櫓こぎの掛け声は一際勇しく、沈みがちな船出に元気を与えてくれた。

誰もが白い波を蹴り立て進行する船の先を、黙って見守るばかりだった。小半時は過ぎただろうか。眩しい光を投げかける朝日は、少しずつ高く登って行く。

ほど無く仁左衛門が自ら、食事の用意が整ったと知らせに来た。仁左衛門の表情は、決して暗くはなかった。

「ささやかではありますが、食事の用意ができました。どうぞ場所を、あちらに移していただけますか」

船の後方に強風を避ける場所があり、そこで仁左衛門の女房が待っていた。食台が設えてあり、その上に並んでいる御馳走に、奥方と後室は目を凝らしていた。二人は船上での朝餉は初めてで、いつになく心は浮き浮きしていたところ、貝や海老、タコに鯛にと高価な海の幸を見て、胸が熱くなり声も出なかった。ゆっくり首を回すと、黒く日焼けした船頭や料理人たちも顔を揃えていた。交代で来た船頭が、駆け付ける場面もあった。

皆が落ち着いた時、仁左衛門の合図で激励の拍手が起った。海上で誰れ憚ることなく、大きな拍手は海面に響き渡った。その音は沈みがちな後室や奥方の胸の中まで浸透し、勇気を奮い起こしてくれた。後室、奥方そして弥平までも拍手に包まれ、恥じらいながら嬉しさで目頭を押さえていた。仁左衛門の女房や使用人たちは、いそいそと酒を酌んで回った。仁左衛門は無事この時を迎えることができた喜びで、頬は少し紅潮している。再び仁左衛門は立ち上がった。

「後室さまや奥方さまの周りは、見ての通り太陽と潮風に焼けて、本当の人相は隠れてしまいましたが、一同たくましく誠実な心で優しい者たちです。何よりも私を信頼し気持ちを寄せ合い、生業を共にしている者たちです。どうぞ安心して時の許す限り、朝餉を楽しんで下さい。ではここで、私どもの為に努力して下さり、私どもを残して無念にもこの世を去ってしまった山岡公、御子息そして一族の皆様に安らかに眠っていただけますよう、お祈りを捧げたいと思います」

手を合わせ黙禱の時が流れた。波の音だけが、一緒に悲しみを運んでいると思えた。静かに目を開くと、仁左衛門は再び話し出した。

「私共は、これでお別れとは思っておりません。後室さまや奥方さまの新しい生活がこれから始まる門出として、お見送りしております。悲しみは決して消えるものではありません。ですが月日が過ぎ行く時、少しずつ傷はふさがっていくことを信じたいのです。いつの日か、再び南の国の私たちの地へ帰って来て下さい。それまでどうぞ、お健やかであられますことを、一同でお祈り致しております」

男達は仁左衛門に合わせて、酒を一杯、二杯と飲み干した。

「この酒はですね、生前山岡公が殊の外気に入られ、寛いだ時は必ずほろ酔い気分になるまで楽しんでおられたものです。今日はお二人にも存分味わっていただきたいのです」

後室と奥方はやおら腰を上げた。後室はこのような場を設けていただき、この場に及んでも感謝ばかりでもう言葉がなくなったと、胸の内を明かした。

「忠兵衛も仁左衛門様とお酒を酌み交わす日があったこと、初めて知りました。ほっと致しました。安心して悩み事を話し、心を開いて寛げる場所があったのですね。酒に弱い私共ですが、忠兵衛が好んだ酒とあっては、今日は何が何でもいただきます」

仁左衛門と女房は喜んで二人の傍に寄り、もっともっとと声をかけながら酒を注いだ。思いの外一息に飲み干し、勧められるままに盃を受け続けた。

「酒がこんなに美味しいとは、初めてです。忠兵衛を思いながら、余計に酒が進みましたよ」

「義母のおっしゃる通りで、悲しい酒ながら、美味しい酒でございました。仁左衛門様、奥さま、皆さま、本当にありがとう」

弥平はこの時が初めての酒で、あまりうまい飲み物とは思えなかった。しかし逞しい漁師たちの飲みっぷりの良さを眺めるうち、いつの間にか大人の雰囲気に馴染んでいた。

仁左兵衛は、また話し始めた。

「思い出しましたよ。忠兵衛様は考え込むと難しい顔で苦しんでおられましたが、悩んだ後はガラリと人が変わりましてね。それからゆっくりと酒を嗜むのです。酔いがまわる頃には柔らかい表情になり、小唄を口ずさむのが常でした。ご機嫌の証でございました」

「そうでしたか。小唄はどこで習ったのかしら。全く知らない忠兵衛がそこにはいたのですね。義母上さまはどうですか」

「母親だって同じですよ。息子の本心が何も分かってないとは、淋しいことです。忠兵衛をよく知っている仁左衛門様が羨ましい限りです」

傍で仁左衛門の女房が、魚や貝などを勧めた。

「本当に見事な海の幸で、圧倒されながら眺めているところです。どうやっていただいてよいやら、二人で困っていたところです」

「ま、気が利かないことで申し訳ありません。豪勢にドカンと形のまま並べてあるもんで。貝は殻から身を取り出し、魚は骨をのけて身をほぐします」

仁左衛門の女房は使用人にも指図して、手早く皿に身だけを取り出し盛り直した。すると後室も奥方も美味しいを連発しながら食べ始めた。

「塩味も加減良く利いて、また少し苦いところが何ともいえない味ですのう」

「なんと贅沢なことでしょう。青い海を眺め吹き上げてくる潮風を受け、美味しい物をいただくなんて。御陰様でうっ積していた沢山の重りが、少しずつ消えていく気がします。まだこんなにも幸な一時が残っていたのですね」

「このばばさんは、これを冥土の土産に持って行き、忠兵衛や孫たちと一緒にいただくことにします」

仁左衛門は慌てて、後室の言葉を打ち消そうとした。

「冥土へ向かわれる時は、もっと立派な御馳走を用意するので、慌てないで待っていて下さい」と、冗談混じりに話を反らした。

翌日の夕刻、下関港が近くなった頃、仁左衛門の女房が使用人を従えて、船室を訪ねた。後室と奥方用に設えた御座だった。

「お疲れのところ、お邪魔致します」

後室は横になって休んでいたが、やおら起き上がり女房たちを迎えた。

「失礼をお許し下さいませ。立派な品を揃えるのは叶いませんが、せめてお着替えに使っていただければ幸いでございます」

二人は目の前に並んだ着物を見て、手を叩かんばかり喜んで、こう女房に言った。

「こんな嬉しいことはありません。着の身着の儘で転がり込んだものですから。そろそろ着替えをしたいと思案していたところです。正直夢ではないかと、今膝をつねってみました」

「本当の話でした。嬉しくてたまりません。遠慮なく使わせていただきます」

女房は事細かに気を遣った。荷物になるから着替えた物や不用の品は置いて行かれるよう、言葉を添えた。

「お二人が我が家で過ごして下さった記念品として、大切に保管させていただきます」

こんな汚れ物はすぐ捨てて欲しいと頼む後室の話し方が面白く、笑いを誘い、女房も泣き笑いして最後の時が流れた。

五つ半頃だったろうか。仁左衛門から別の船と船主が紹介された。一回り大きい廻船だった。商船だと聞かされた。後室と奥方は昨夜仁左衛門の女房から贈られた真新しい着物に身を包んでいた。女房や使用人が満足げに見つめている目と後室と奥方の目が合った時、四人はにっこり微笑んだ。四人だけの秘密が楽しそうに見えた。

桟橋を渡りかけた時、弥平は二人に声をかけた。振り返ると岸壁に並んでいる人たちが居る。仁左衛門夫婦はもちろんのこと、船の男たちや使用人たちが見守っている。後室と奥方は弥平に支えられながら、改めて皆の前に立ち直した。

「いよいよお別れの時がやって参りました。今日まで、仁左衛門様夫婦をはじめ皆さんから、危険を感じながらも手厚い心遣いをいただき、幸せな時を過させていただきました。何のお返しもできないまま故郷に向かうのが、苦しくてなりません。唯一つ、この御恩はあの世へ行ってから、忠兵衛や孫たちに詳しく語ってやろうと願っています。誠にありがとうございました」

奥方も後室の横で深く頭を下げた。その後新しい船主に導かれ船上の人となった。

別れを惜しむ岸壁からの声も遠のき、海を切って進む波の音だけが大きくなった。

酒田までの船旅

月のない夜だった。弥平は一人船尾に腰を下ろしていた。黒く深い海が、眼下に恐ろしいまでに広がっている。闇に目をこらして見廻して見るに、船が航行した後方に白い波が一本の道になって長く伸びていく。

ふいに弥平は恐ろしくなった。白い波の中に、刀を浴び血が吹いてもがきながら倒れて行く妹の姿を見たような気がした。泣き叫ぶ幼ない姫さまの声までが海面を滑り、こだましながら後方へ消えていった。

弥平は目をこすり顔を叩いて、すべて錯覚だと自分に言い聞かした。それにしても唯事ではないこの幻想は、姫さまと妹が無念さ恐ろしさのあまり、弥平に訴えている痛切な叫びだったのかもしれない。そう思えてならない。弥平は妹と何の約束もできないが、ひたすら祈った。両手を強く合わせ、無心に祈り続けた。何となく気持ちが落ち着いた時、弥平の頭に浮かんだことは、桜木弦蔵の名前だった。この家老に従い陰謀を実行に移した家来の名も、はっきり思い出した。短時間での仁左衛門様の特訓が効いていた。清水源太、鈴木茂兵、己上軍治、八尾官兵衛、杉浦勝美、五木兵馬。主だった者はこれくらいだった。庄屋様の指示通り、まだ頭から引き出すことができたので胸をなでおろした。

しかし弥平には分かりかねることもあった。大殿様の長男である賢い藩主が、悪どい陰謀を企てる桜木弦蔵の話を受け入れ、山岡公の暗殺を許したのか。藩主なら陰謀を企だてる段階で止めるべきではなかったのでは……。

庄屋仁左衛門様に問うてみる間もなかったし、広く学問をしてない自分、弥平には自問自答しても皆目分からない部分だった。じっとしておれなくなり、傍に置いていた一本の棒を手に取った。庄屋の庭の片隅に転がっていた欅の切れ端だった。父親から奥方と後室をしっかりお守りせよと渡された刀が、いつも心の隅に存在していた。刀を握る危険が起こるとは限らないが、万が一の時に備えておかねばならない。

しかし剣の使い方を教わる術もないから、自分で腕を研くしかない。そう心に言い聞かせた夜から、人知れず棒で素振りを始めた。それから今は分身のような棒になっている。上下左右に揺れる船の上では、なかなか狙いが定まらない。考えようによっては、初心者には最適な場所と言えるかもしれない、気合いを入れる大きな声も海の音に消されていくが、一振りごとに怒りや憎しみが膨らみ、益々気合いが入ってくる。

どっぷり汗をかき疲れてくると気持ちも落ち着いてきた。今まで気が付かなかった事が見えてきた。風向きや帆の具合を見て廻る船乗りたちの姿が、闇の中で動いていた。弥平は遠目で様々な動きを窺いながら、潮風を受けて寛いでいた。

夏の終わりを迎える日本海の朝は、静かで穏やかだった。にもかかわらず、奥方も後室も船酔いしたらしく、五日ほど船の上に現れなかった。それから何日が過ぎただろうか。弥平はいつとはなしに、今まですっかり忘れていた竹の笛をふと思い出した。荷物の底から取り出して久々に吹いてみた。吹くといっても、思いのままに音を出すことに他ならないが、以前と変わらない澄んだ音を聞くと、弥平の心はささやかながら楽しさが湧いてきた。青く澄んだ海の音、明るい朝日の中で気の向くままに吹き続けた。

背後に人の気配を感じて、後ろを振り返った。弥平は驚いて立ち上がった。ゆっくりとした足取りで近付いてくる。何日かぶりに見るお二人の姿。弥平は笛を止めてお二人を迎えた。

「久し振りやな。弥平は元気そうで何よりよ」

「笛の音に引かれて、船底から這い出して来たよ。きれいな音だね」

「弥平にそんな素養があるとは、思いもよらんことで、驚きましたよ」

「どこで教わったの」

「はい、まだ幼い頃、父が竹に穴をくり音色が出ることを教えてくれました」

弥平の声は弾んでいた。二人から予想してなかったお誉めの言葉をいただいたからだ。

「今吹いていた調べに、題名はあるの」

「そんなものございません。思いのままに吹いているのです」

「そうなのか。素質があるのかもしれんな。よい調べじゃった」

「もう一度聴かせてくれぬか」

催促されるまま、何度も吹いた。その都度音色は違っていたが、二人はそんなことは少しも気にしない。静けさの中で澄んだ音色を聴くだけでよかった。弥平は気ままに指を動かして楽しんでもらえ、いい気分だった。

「のう、弥平」

突然に後室の声が聞こえた。そして笛吹きは終わった。

「惨殺された孫たちの様子を、聞いてないか」

問いかけの内容に困って、すぐには返事ができなかった。頭に浮かんだのは、仁左衛門様の言葉だった。『残酷な事件だけに、お二人に詳細は知らされてないはず。山岡公もそれを望んでおられるだろう』と話をしたことだ。

「弥平、どうしたのか。何を迷っておる」

「申し訳ありません。何も迷ってはおりません。お答えできる事実を知らない自分に気が付いたのでございます」

二人はじっと弥平を見つめている。かわいそうな最期がどんなだったか、少しでも聞かせて欲しいと願っている目だった。

「庄屋仁左衛門様からも、何も聞かされていないのです」

困っている弥平に、それ以上はせがまなかった。

「おまえも妹を亡くし、さぞ無念であろう。娘の子守りさえしていなければ、命を落とす事はなかったろうに。すまぬことをした」

「とんでもございません。妹は姫さまのお世話ができると、それはそれは大変な喜びようでした。妹は子どもが好きでしたし、お屋敷に奉公できる事を誇りにしておりました」

「そうだったの。そう思ってくれると苦しみが減ります。とても優しく気が利く娘でしたよ。赤子の梅も、不思議によくなついてのう」

不意に思い出したのだろう。奥方は急に顔を覆い嘆き悲しんだ。後室は声を詰まらせたが、自ら奥方の話を繋ぎ続けた。黙っておれなくなったのだろう。

「梅は初めての女の子で、家族皆が大喜びじゃった。忠兵衛は家で寛ぐ時、いつも膝に抱いており、その顔は優しい父親の顔じゃった。女の子は何か華やぎがあって、花が咲いたようで。小さな花、小さな花。だから梅と命名したんだよ。そんなかわいい梅の花も、開くことなくはかなく散ってしまった。悲しいよ。無念でたまらない」

「はい、言い尽くせません。神様は暗殺者たちを許しておかないはずです。必ずや罰を受けるはずです。どんな悪いことをしたのでしょう。忠兵衛様始め皆様の思いは、土に葬り去られたままになります」

「そうあってほしいけど、神様は願いを聞いて下さるかな」

「義母上、神様にそのお願い致しましょう。弥平も付き合ってくれるかい」

三人は海に向かって両手を合わせた。願い事は黙っていた。口にすると願い事が逃げていってしまうと伝えられている。海と向き合うと、吹き上げてくる夕風が冷たく感じた。

「風邪を引いたらいけません。部屋に戻りましょうか」

奥方に促されると、後室は素直に立ち上がった。弥平は足元に気を付けながら、二人を入口まで見送った。

翌日から何がどう変わったのか、二人は早朝から甲板に現れ、手を取り合ってゆっくりと歩き始めた。

「弥平も一緒にどうぞえ」と後室は誘う。

「はい、何事かと思いましたが、分かりました」

「船を下りれば、遠い道のりが待っているやもしれない。足腰を鍛えておかねば、弥平におんぶしてもらうことになる。そうなると、弥平も大変だろう。だから一大決心したのだよ」

「それは心配していただいて、ありがとうございます。では、私もご一緒させていただきます。いつか後室さまをおんぶする時が来るかもしれません。それに備えておかないと」

冗談を言って笑いながら、三人は甲板を何度も歩き回った。日が高くなると部屋に戻り、夕日が水平線と並ぶ頃には、再び甲板に現れた。弥平の竹笛が聴きたいと言われるままに、気の向くままに吹いた。その日は夕日が沈んでいく光景を眺めながら、ゆっくりとやや低い音色が相応しかった。しばらく黙って二人は聴き入っていた。

後室は満足した頃、弥平に疲れただろうからもうよいと言った。次は心の内を弥平に聞いてもらいたかったのだ。

「いつまでも瞼に焼きついて離れないのは、息子と三人の孫たちとの別れの姿よ」

弥平には二人の苦しみや悲しみは充分過ぎるほど分かっていたから、穏やかな気持ちで向き合うことができた。

「孫たちは父親にしっかり寄り添って『ばばさまも母上もどうぞ、いつまでもお達者で』とはっきり言葉をかけてくれました。四男はまだ幼さが抜け切らない姿で、すべてをぐっと我慢して、兄や父の傍で別れを告げているのが、母やばばにはよく分かりましてね」

「皆で父上をしっかりお助けするのだよ。そんな言葉を掛けるのが精一杯でした。忠兵衛から涙を見せてはならんと言われておりましたから、後を振り返る勇気もなく、離れて行くしかなかったな。それが最後だった」

涙はおのずから流れて落ちてしまう。力のない消え入るような声で呟く二人。あきらめがつくと後室は元気を取り戻そうとしたのか、今度は力のこもった声で言った。

「また湿っぽい話を聞かせてしまい、すまぬこと」

こんな状態を幾度も繰り返すしか、今はそうするしかないと弥平にもよく分かっていた。

「今夜はゆっくりお休みになられませ。それがお薬でございますよ」

「そうだね。明日の目覚めが良いものでありますよう、祈りながら」

弥平は笛を取り出し、ゆっくり吹き始めた。二人が船の部屋に入るまで、ずっと吹き続けた。とぼとぼと歩く二人の後姿を見送っていると、先の見えない心細さがはかなくて淋しげで、弥平の胸もしめつけられるように悲しくてならない。

船は停泊していた。これで五度目になるだろうか。六艘ほどのはしけ舟が、島と廻船を行ったり来たりしている。どんな品物が運ばれているのか全く分からない。また詮索する気もない。便乗させてもらっている身、余計な興味を持ってはならない。弥平はその都度肝に命じていた。

遠く沖合いに佐渡島が見えている。するとはしけ舟が向かっている目の前の陸地は、越後の国であるかもしれない。弥平は頭に浮かぶ地図を描いて眺めていると、後室と奥方が肩を寄せ合ってやって来た。

「弥平、一人で楽しんでおるのか、ずるいですぞ。我ら年寄りにも楽しみを分けておくれ」

「これはこれは、お二人にやられてばかりでございます」

内心弥平は、こんな冗談を言われる後室さまに驚いていた。船旅が長くなるにつれ、心の間で何か変化が起こりつつあるのだ。暗くて重いしがらみから、少しずつ解き放たれているかに見える。それに合わせて北国の故郷が近くなるにつけ、やはり嬉しさで気持ちが明るくなっているのかもしれない。

弥平は嬉しかった。船から見える光景を、知っている限り二人に説明した。遠く沖の方に見える島、佐渡では金が掘られているらしいこと。目の前の陸地は越後で、今ははしけ舟が商いの品を運んでいることなどだ。

「越後ですと。それじゃ、とうとう北国まで来たのかえ」

弥平は頷いた。

「長い船旅でしたが、いよいよ故郷の域に入ったのです」

「ほんに、海から吹いてくる潮風にも、北国の香りがするような気がしますよ。何年振りでしょう。ねえ、義母上」

「そうだね。たいそう前のような気がします」

三人はそれぞれ複雑な胸中を抱いて、無言でしばらく海を眺めていた。日本海は穏やかで、日差しも優しかった。しばらくしていつものように後室は突然話し出した。

「弥平は幾つになったかの」

真面目に弥平の顔を見つめていた。

「十四になりました」

「まだ、若い若い。孫の次男は十九だった。そろそろ嫁をと思う日もあったが、はかない夢だった。自分の孫を褒めるのも可笑しいが、いい男に成長してこれからを楽しみにしていた矢先だったが、哀れでならん。かわいそうでの。侍の子は、惜しい命も潔く捨てねばならんのか。悔しくてならん。

弥平はこれからだし、孫たちのような目に会うことはなかろう。命だけは大切にせよ」

「はい、有難うございます」

帆を張る船乗りの声が大きくなった。再び廻船はゆっくり航行し始めた。越後が次第に小さくなって行く頃、ふいに船主が三人の前に現れた。下関で仁左衛門から紹介されて以来、二度目かいや三度目の顔合わせと言って良かった。それほど船主たちの姿を見かけることはなかった。三人は驚いた様子で船主の顔を眺め、それから丁重に頭を下げた。

「お元気そうで、何よりでございます。このような船ですから、随分御不自由をされたことでございましょう。かれこれ二十日余り経ちますが、声もかけず様子も伺いもせず、失礼致しました。

有難いことに天候に恵まれ、海も穏やかで何よりでした。仁左衛門殿の計画性の明らかなのには、感服しております。このまま順調にいけば、あと三日ほどで出羽の国、酒田の港に着く予定でございます。それ以後の動きでございますが、お二人に無理がかからない方法を仁左衛門殿から仰せ付かっておりました。そこで地理に詳しい者を検討中ですので、また改めてお知らせに参ります。

残りわずかな時を、楽しくお過ごし下さいませ」

「何かと便宜を図っていただき、これほどのんびり過ごせた日々は何年振りでしょうか。この船旅もよい土産として、忠兵衛や孫たちに持って行ってやりますよ」

「またそのような戯言を」

奥方が義母上を宥める傍で、弥平も大きく頷き、船主もまだまだ長生きしていただかねばと後室を励ます。船主は先の話を詰めねばならないからと言い残して、さっさと立ち去った。

その夜、弥平はなかなか寝付けなかった。初めて奥羽の地を踏むのかと、今までにない興奮を覚えていた。目指す仙台の屋敷までの道のりは長い。未知の国に重大な任務を背負って踏み込む気負いからかもしれない。頭の中は鮮明だ。そっと懐に手を入れ、仁左衛門様から預かった覚書を確かめた。身体の一部分になってしっかり胸に巻かれている。それが変わりないことに安堵してから、やっと横になった。しかしまだ眠くない。いつの間にか仁左衛門様の話を反芻していた。

山岡公が執政総奉行として藩政を執り行って来た結果、百姓たちを始めとして藩全体が潤ってきた。これまではどの領主も代々取り立てるばかりで、百姓たちは極貧にあえぎ、苦しみの日常生活だった。この状態は弥平も子ども時代から身をもって味わってきたことだ。だが課税率が「七公三民制」によるものだとは知らなかった。山岡公は南の国の我れ等の藩に着任して以来、自分の足で隅から隅まで巡視してまわっている。そして極貧にあえいでいる百姓たちの生活を目の当たりにし、また直接話したりして気持ちを汲み取っている。その結果新しい案を生み出したのが、「六公四民制」だった。できるだけ課税の負担を軽減してやることが肝要だと判断したことになる。だが困窮者がこれで救われた訳ではない。更に取り立てを免除してやる必要がある者たちには、思い切って決断を実行していた。

しかし藩内で胡坐をかいてぬくぬくと生活を楽しんでいる家老や家来たちは、またもや自分たちの生活にしわ寄せがくるような政策には賛成できないと怒り出した。筆頭家老の桜木弦蔵に不服を申し立て、山岡公に敵意を示し始めていた。桜木弦蔵は家来のそうした心根をいいことに、じわじわと藩主に近付き山岡公は信頼のできない男だと言い上げた。藩の金銭を動かすのは主に山岡公だったので、桜木は自分の失策も山岡公に責任を取らせ、事ある毎にすべて山岡公を悪者として藩主に印象付けていったことになる。……

弥平はそこまで頭の中から引き出すのは、容易なことだった。ほっとしたせいか、なんだか疲れを覚えた。薄い上着を羽織って横になっていると、寒さも身に凍みてくる。北国が近くなったせいかもしれない。神無月ももうすぐだ。耳を澄ますと、船が波を切って進む音が大きく聞こえる。船旅も終わりになる。いろいろ思い巡らしていると、ようやく弥平の瞼もくっついて離れなくなった。

明日酒田の港に到着という日の夕刻、後室と奥方に付き添って、弥平も夕焼けを眺めていた。この旅の間、五日ほど雨の日もあったが、ほとんど穏やかな快晴で天候にはとても恵まれていた。

「船から眺める夕日は、本当に美しい。心からそう思えるのう」

「それなのに、今日でおしまいかと思うと、寂しゅうございますね、義母上」

「ほんに、ほんに。誠に残念でたまらん」

人の気配で振り返ると、船主がにこやかに立っていた。

「今日はお別れのご挨拶に参りました。幸いなことに、酒田に着くのは明日の夜明けになりそうです。ちょうど出羽の国や仙台地方に詳しい者がいまして、小舟も一艘手に入りました。日本海に流れ込んでいる最上川がありまして、出羽で収穫した紅花などを運ぶ舟が行き交っている川でございます。その最上川を川舟で上れるだけ上って行くのが、一番難儀が少なくて済みそうなのです。舟の上では船頭と相談しながらおいでくださいませ。信頼できる船頭ですから、気楽に今度は川の旅を楽しんで下さい」

「仁左衛門様も、良い知人をお持ちで、私どもも幸せでございました」

後室は懐から巾着を取り出し、僅かだが気持ちを受け取って欲しいと差し出した。船主は慌てて押し戻した。

「仁左衛門様から沢山いただいておりますから、私への気遣いは無用でございます。これから先の船頭に小遣いばかりを渡していただけたら、喜ぶかと思います。厚かましいお願いかもしれませんが、すみません。

最後になりましたが、御不自由をお掛けしたことお許し下さい。故郷に帰られたら、ゆっくりお休みになられますことを願っております」

船主は必要な要件だけ話し、淡々と立ち去った。後には気が抜けたような静かさだけが残った。この静かさの中で後室は弥平に注文を出した。

「例の笛を吹いてくれぬか。美しい音色を聴きながら、海に沈む夕日を眺めていたいのじゃよ」

「畏まりました」

弥平は夕焼けの海を眺めながら、思うままに音色を奏でた。水平線に夕日は沈み、次第に暗くなっていく。だが奥方も後室も、なかなか船室に戻ろうとしなかった。それに合わせせて弥平の笛の音も、遅くまで止むことはなかった。

遠い故郷

川の水量が冬型になりかけ、減少していると、せん頭は喜んだ。だが流れを遡るには非常に骨が折れるから、弥平にも手を貸してくれるように頼んでいた。下流に向かって舟が行く。

「一艘、二艘、いや三艘。袋の中は紅花餅が入ってるのかえ」

「さようでございます。夏に収穫し乾燥をして餅状にした紅花です」

「手間暇かけてるんだ」

舟が擦れ違う時、双方のせん頭は威勢良く声をかけ合っている。その時急に小波が起こり、小舟は左右に大きく揺れた。後室も奥方も小さな驚きの声を挙げ、舟縁にしがみついた。弥平も二人の姿を見てはらはらしたが、海の波とはちがうので、落ち着いて収まる時を待った。

「もう大丈夫です。顔を上げてもいいですよ」

まるで子どものように、恐る恐る姿勢を直した。

「まあ、なんと広くて大きな川だこと」

「義母上、今まで気づかなかっただけですよ。行く先が果てしなくて、広い川ですね」

二人には周囲の光景がようやく見えてくる余裕ができたらしい。夜明けに川を上り始め、休憩の度ごとに弥平も棹を握ったが、三歩進んで二歩下がりの具合だったが。せん頭は日が暮れる前になんとか戸沢村まで行きたいと懸命だった。弥平とせん頭は舟から下り、川添いに舟を引っぱり始めた。

「わたしたちも歩きますよ」

奥方は気を遣ってみたが、せん頭はとんでもないと制した。

「なんとか行けるでしょう。日も間もなく暮れますな。どうしても舟宿で泊まるしかありませんが、それでよろしいでしょうか」

奥方と後室は声を出す気力も失せたのか、弱々しく首を縦に振った。弥平は気づかれないように、そっと懐の巾着を確かめた。金子の固さが手に感じる。ほっとしながら、「必要な時に遣うように」と言い渡された榊様の声を思い出していた。

「この界隈には、舟宿が数軒あるんです。御覧になってきたように、物品運搬の通路ですから。わしの親戚がやってる宿もあるんで、安心していただけますよ」

「有り難いことです。行く所々で優しく便宜を計っていただいて」

「せん頭さんも一緒にですか」

弥平は何故か聞いてみたかった。方角も道もわからない土地を、これから先大切な二人を連れて行く自信を失くしていたからにちがいない。

「そうします。酒田からの動向は、すべて任されていますし、予想して必要な金子はいただいているよ。お二人をお届けするまでは、お供するつもりです。他国の若造には任しておけないよ。道中が厳しいのでな」

「その通りです。安心しました。よろしくお願いします」

二人を乗せた舟を引っぱって、川岸を歩いた。ぽつりぽつりと点在している家からランプの燈が明かり出した頃、舟宿が並んでいる地に着いた。せん頭は先に歩き、並んでいる宿の一軒に入って行った。宿の主人に何か頼んでいる。そのせいか丁重に迎えられ、後室と奥方には閑静な一部屋が用意された。たらいではあったが湯浴みもできた。疲れた心身を癒すに十分な一夜だった。弥平は広間で見知らぬ旅人と雑魚ねをしながらも、袋の金子に手を当てて算段していたが、目が覚めた時は朝になっていた。

朝飯もみそ汁に白飯が出された。思いがけない持て成しに、誰もが幸せだった。

宿を出る時は、梅ぼしが入ったおにぎり弁当が渡された。弥平はお代を払うことを忘れなかった。

「あら！　払っていただけるんだね。お安くしておきますよ。と言っても、せん頭から少しもらってるんだよ」

女房らしき女が嬉しそうに受け取った。

外の空気は初秋の寒さだろうか。腕や首の出ている部分を、手拭いか何かで隠したい気分だった。

「では出発しますが、いいですか。分かれ道に出会うまで、しばらく川に添って歩きます。旅の先人たちが残してくれた大切な物があります。わたしたちも安らぎをもらいましょう。では」

川の巾は少しずつ狭くなり、道は上り坂になって行く。ゆるやかな流れは少しずつ速くなっていく。深い群青色に白色の波が混じるようになった。奥方と後室の足取りは変わらずゆっくり一歩一歩と進む。そのうち川の中にも岸辺にも岩が多くなった。かなりの距離を歩いたことになる。お天道様も、真上から照らす頃となった。

「ここらで弁当を開きましょうか。腰を下ろすにちょうどの石があるから、よい石を選んで休んでください」

これが腰かけ石ではないかと、弥平はつぶやいた。せん頭はそうだと答え、途中にも数個あったが、先に進みたかったから説明できなかったという。よくしたもので疲れが出る所々に石が置かれ、数は増えていった。腰かけ石は平らになって艶光りしている。多くの旅人の汗や疲れが石の表面を美しくした跡かもしれない。

「うう、梅干しの酢っぱさが、とてもおいしいのう」

「体のだるさも、どこかへ消えて行きそうだ」

「沢庵の音も、いい」

「うまいなあ」

その時、身分の差は忘れていた。にぎり飯のうまさに、満悦のみだった。

せん頭の案内には助かっていた。峠越えもゆるやかな険しさで、籠に頼るまでには至らなかった。点在した家屋が見え始め日が暮れ出すと、旅籠をさがした。有り難いことに、旅人の気持ちは同じらしく、不自由しない地点に旅人を待っている宿があった。毎回奥方と後室の為に特別な部屋が用意されるという訳にはいかなかったが、雨露を凌ぐ部屋さえあればよかった。

旅して五日目になった。杉の大木が何物にも邪魔されず天高く伸び、うっ蒼とした林へ入った。昨夜の雨で落葉した木の葉や杉の小枝が、山道を濡らしている。長い年月堆積し腐葉土となった土は柔らかく、足元を優しく包み込んでくれる。一瞬後室が滑りそうになった。弥平は慌てて支えとなった。それから再び黙々と杉の木立を登って行った。

「船の上で鍛えた足腰も、もう少し持ちそうだよ、弥平」

「それ以上ですよ。ずい分しっかりと歩き続けて、弥平は嬉しいですよ。奥方さまは大丈夫ですか」

「義母上に負けておれませんよ」

会話が飛び出す程に敷き詰められた優しい道が頂上に至る頃、林立していた木々が少なくなって、すーっと目の前が明るくなって来た。

「良い天気じゃないか。向こうに見える黄色は、稲穂かな」

「はい、刈り入れは間もなくですよ」

「故里は安泰だね」

後室は独り言を漏らした。

「出羽の国ですよ」

せん頭は不思議に思ったのか、念を押した。

「わかっていますよ」

切り株に座らせてもらってから、後室はゆっくり思い出していた。

「忠兵衛の父親はわたしの夫に当たるけど。清左衛門公俊は、出羽山形城主、最上守義の家臣だったから、ここも故郷といってもよいのう」

一番驚いたのは、せん頭だった。

「昔に遡るが、今の大殿様の父親の元に出羽山形城主最上駿河守義守の息女が嫁す時、御附人として仙台へ渡ったから、忠兵衛の父親がだよ。忠誠厚く剛毅で正義感が強く、そんなところが城主も夫を信頼したのであろう。忠兵衛も同じで親子の血は争えないものだよ」

「そうでしたか。お世話させていただき、光栄でございます」

せん頭は立ち上がって言った。

「こんなにお側近くに座らせていただいて、恐れ多いことでございます」

一歩下がってせん頭は平伏した。

「やめておくれ。今はとても幸せなんだよ」

「ほんとですか」

「ほんとです。武士は少しも幸せではありません」

安心して再び後室の横に腰を下ろしたせん頭だった。にぎり飯をほおばりながら、静けさの中で眼下に広がる田園風景を眺めていた。

「明日は険しい峠、最後の峠になると思いますが、頑張って下さいませ。大変だったら籠をさがしますが」

「がんばりますよ。動けなくなったら、弥平に背負ってもらいますよ」

「はい、わたしも船上で鍛えておりますからまかせて下さい」

六回目の夕日が向かいの尾根に沈もうとしている。四人は慌てずゆっくり坂を下り続けた。後室がかなり疲れた様子だったが、幸いにも宿が取れたので、早々に睡眠を取ってもらうことができた。宿の主人に相談すると籠屋も近くにあるらしく、峠越えが終わるまでという約束でお願いすることができた。

奥方は比較的元気で峠を越えたが、もう一晩峠越えを終えたふもとに宿を取った。

「すでに陸奥の国に入っていますよ。明日は仙台に入り、いよいよ城下町に到着ということになります」

この言葉を聞いて、後室と奥方の顔がどんなに変化したか言うまでもないこと。まだ夜が明けやらぬ頃から後室と奥方は旅の仕度をして出発を待っていた。弥平もせん頭も唯笑顔で朝の挨拶を交わすのみだった。

細い一本の道が続いている。その道を覆い隠すように、ススキが繁茂している。ススキの穂は白くなって枯れススキになりかけている。日が高くなる頃、川の下流に差しかかった。最上川とは比較できないくらい小さな川だ。広瀬川だった。それから間もなくして奥方が歓喜の声を挙げた。

「義母上さま、城が見えましたよ。青葉城へ戻って参りましたよ」

足を止めて前方を見上げた。

「おお、なんと懐かしいのう。夢を見ているようで。生きて再び城が仰ぎ見られるとはのう。ここに忠兵衛がいてくれたら、どんなにか喜んだであろうに」

それは空しいつぶやきでしかない願いだった。

城も城を守る森や林も、何も変わっていなかった。松の枝を透かして、一層鮮やかな赤色が目に映る。きっと石垣を這っている蔦が紅葉しているのに違いない。背後には黄色い田が広がっている。稲刈りもこれから始まるのだろう。誰も語る声はなくとも、その土地の季節を感じているはずだ。重い穂を垂れて、稲たちは収穫の日を待ちわびている故郷だった。

弥平も奥方も、二人して後室の手を引き、ゆっくりとだが足を止めることなく、ひたすら懐かしき屋敷に向かって歩いていた。侍屋敷の家並みはすぐ目の前に見えているのに、歩いても歩いても嘉兵衛が住む屋敷には辿り着かなかった。後室の足は、既に限界にきていた。歳を重ね足腰が弱くなっている後室にとって、長い長い道のりだった。そればかりではない。大きな悲しみを抱いての旅が、生きる気力さえも萎えさせていたのだ。咄嗟だった。

「この時の為に船上で鍛えた足腰でおんぶいたしましょう。どうぞ背中に」

弥平は後室の前に膝を突き、背中を屈めて待った。

「この時の為に私も鍛えたつもりですが、歳のせいでしょうか。足腰が重くて動かないのですよ」

こんなやり取りをしている時、背後に人の気配を感じた。弥平はさっと立ち上がり二人を庇う姿勢を取った。夕闇の中に百姓風な人影が近付いてくる。手に鎌や鋤を持ち背中に、薪を担ぎ野菜が覗いている籠も背負っている。夫婦と息子と思われる三人だった。三人は黙ったまま傍を通り過ぎたかにみえた。が、父親らしき男がふと振り返り足を止めた。

「ひどくお疲れのようだが、旅のお方かな」

弥平は疑いもせず単純に助かったと思いたくなった。同じ領内に住む人だと直感したからだ。今度は弥平の方が四、五歩近づいた。

「山岡様の屋敷に向かっている。二人は後室さまと奥方さまだ」

と手短に伝えた。弥平は相手の反応を待った。

「今、何と言われた?」

「山岡様……」

男はすぐ納得して、

「これは大変だ、今、人を集めて来ますから」

男は慌てて駆け出そうとしたが、再び振り返った。自分は昔から山岡様に世話になっている百姓で、名を名乗るほどではないが、怪しい者ではないと言い残して行った。弥平は内心ほっとしていた。お屋敷暮らしの二人の婦人を引っ張って歩くには、日も暮れかかっているし、少々大変だと身に染み始めた矢先だった。

「義母上さま、もう大丈夫ですよ。村の者たちに声が届いたから、助けも来てくれますよ」

奥方には、まだ自分を励ます力が残っていると見えたが、後室はいつ倒れてもおかしくない様子に、弥平は胸の中で、どうぞあと少しだけ我慢して欲しいと念じていた。鳥の羽音だろうか。人の気配に驚いてか、バサバサと飛んで行く音がする。

相手の顔も見分けがつかなくなった頃だった。四、五人の男たちがバタバタと駆けつけて来た。

「後室さまも奥方さまも、よくご無事でお帰りになられました。源太郎でございます」

「おお、懐かしいの。源太郎か。そなたたちは変わりなく、何よりじゃ」

「ひとまず、早くお屋敷へ」

「奥方さまは歩けますか」

「はい、まだ大丈夫よ」

「じゃ、後室さまは、わしが背中におぶりましょう。さ、どうぞ」

他の男たちに助けられて、後室は素直に源太郎に背負われた。他の男たちは奥方を支え弥平から荷物を受け取り、薄闇の中を屋敷へと急いだ。

開けられたままの門の前で待ちかねていたのは、長男の嘉兵衛と妻の華だった。目を凝らして闇を見つめていた二人の耳に、気ぜわしく近付いてくる複数の人の足音が聞こえた。咄嗟に二人は駆け出していた。

「おばばさまと母上ですね。よくご無事で帰られました」

嘉兵衛は二人を抱きかかえるように迎えた。華は声を上げて泣いている。屋敷で働いている者たち皆が出迎え、華と一緒に泣いている。ほとんど歩けなくなった後室は、最後の力を振り絞って地面に立っている。暗くて顔は見えなくても、孫の嘉兵衛や嫁の声は覚えている。懐かしさと安堵感から、はらはら涙がこぼれ落ちる。もちろん語る言葉はない。

「さ、早く中へ」

源太郎たちに助けられ、ようやく屋敷の中へ入った。荷物を渡している弥平に気がついた奥方は、

「弥平にもそれからせん頭にも温かい湯を用意し、手厚くもてなしてやっておくれ」

華は「畏まりました」と返事をするや、源太郎に声をかけた。

湯気が立っている足湯が用意された。後室と奥方は大きく息を吐き、何と気持ちの良いことかと囁きあっている。そして何となく生気を取り戻したのだろうか、後室は気丈に振るまおうとしている。孫を呼び寄せ何かと話しかけた。

「ばばさま、この度の事件は既に大殿様まで知らせが届いています。私も大殿様から直接に話を聞いておりますから、もう心を痛めないで下さい」

傍らで気を揉んでいた華も、優しく声をかけた。

「今は何もお考えにならず、長旅の疲れを癒して下さいませ。ゆっくりお休み下さい。食事の用意もできておりますゆえ」

華は二人の子の母として、また跡継ぎの長男の嫁としても、すっかり板についている。てきぱきと使用人に指示を出し、ことを運んでいた。後室と奥方が風呂へ行ったのを確かめてから、弥平は嘉兵衛様の元にすっと近付いた。旅の間、常に大事がないよう懐で温めてきた書状を、今ようやく外の風に当てることができた。

「日振島の庄屋様、榊仁左衛門様から預かって参りました。どうぞお受け取り下さいませ」

嘉兵衛は黙ってそれを受け取り、後でゆっくり見ることにすると言って懐にしまった。

「弥平と申します。お二人を故郷のこの地へそしてこのお屋敷までお連れするよう、日振島の庄屋仁左衛門様から申しつかって参りました。今お渡ししました書状には、事件の詳細・事実がしたためられているはずです。

ようやくお渡しすることができ、安堵しております」

「そうであったか。年寄り二人を連れ、大変な道中だったであろう。今夜はゆっくり休んでくれ。長屋の頭領源太郎に、そなたの世話を頼んであるから」

「ありがとうございます。後室さまも奥方さまも慣れない道中、さぞかしご不自由されたことと申し訳なく思っております」

「無事に帰れただけで、十分だ。明日からのことは、又連絡をする」

山岡家の当主としてか、嘉兵衛様の後姿は落ち着いた貫禄が漂っていると、弥平はじっと見つめていた。ポンと肩を叩かれ振り向くと、長屋の頭領の源太郎が立っていた。頭領に伴われて、長屋に向かった。雨は既に降り出している。庭を通った時、初めて北国の雨に濡れた。

庭に面した塀に沿って、使用人たちが寝起きする長屋が並んでいる。頭領の源太郎の棟は、門に一番近い場所にあった。源太郎の女房が迎えてくれた。二人の息子がいて、長男が源次郎、次男は源三郎と言った。歳は弥平より源次郎が四つ、源三郎が二つ上だった。

まず台所を通り、囲炉裏の前に案内された。薪は豊富にあるらしく、冬はそれを一晩中燃やして部屋を暖めるそうだ。

「お世話になります」

弥平は初対面で交わす言葉も見つからず、ぴょこんと頭を下げた。源太郎の女房は自分の息子とあまり年も違わない弥平を見て、何かと声を掛けずにはいられなかった。弥平は旅の汗や汚れを流すように言われれば、黙って風呂に向かい、飯の用意が出来たからと膳が運ばれれば、家族の一員になったように食事もいただいた。その美味しさを感じながら、久しぶりに膳の前で食事ができた。その後は源次郎と源三郎の横に布団を敷いてもらい、ゆっくりと睡眠が取れる幸せを、しみじみと噛み締めていた。源太郎の計らいで、せん頭も弥平と頭を並べて一夜を過すことができた。

翌朝、源太郎に起こされるまで、弥平は熟睡していた。横に並んでいたはずの二つの布団は、既に上げられていた。せん頭の姿も既になかった。それに驚きながらも、ぼんやりした顔で何時頃かと尋ねると、五つ半だと源太郎は言った。

「若旦那さまがお呼びだ。飯を食ったらすぐ行け」

囲炉裏の前に、膳が残っていた。弥平に用意されたものだ。

「ありがとうございます。ご馳走になります」

弥平は手早く、朝飯を掻き込んだ。ここに住む人たちのリズムがある。早くそのリズムを覚えねばならない。こんなことを考えていると、飯の美味しさは分からないまま喉元を通り過ぎてしまった。その後上着を着替えようとして、しばし考えてしまった。さて自分の着慣れた上着が見つからない。そうか、源太郎の女房が洗濯してくれると昨夜言っていたことを思い出した。さて何を身につければよいか思案しているところへ、源太郎の女房が現れた。

「旦那様に会うのだから、源三郎の物だけどこれを。あまり着てないから新しく見えるよ」

温かそうな綿入れ半纏と着物を一緒に渡してくれた。遠慮をする間もなくあっさり受け取り、初めて礼を言いながら慌てて着替えた。ドタドタと外に出てみると、頭領の源太郎が気長に待っていてくれた。昨夜の雨は上がっていたが、どんより曇った肌寒い日だった。

案内されるまま頭領の後ろから、庭を通り屋敷に向かった。その間頭領は、何も語らなかった。表には廻らず使用人たちが出入りしている裏口から入り、部屋に案内された。頭領はすぐ下がって行った。襖を開けるとそこは畳四枚ほどの部屋で、嘉兵衛様が背中をピンと伸ばして座っていた。弥平は両手をつき挨拶をした。

「おはようございます。遅くなりました」

「長い旅で、疲れただろう。ぐっすり眠れたか」

「はい、皆様温かい人たちばかりで。後室さまや奥方さまの御様子はいかがですか」

「ばばさまは少々参っているが、母は元気だよ」

「お二人とも悲しみに耐え、気丈に振る舞っておいででした」

「そうであったか。大変な事件に巻き込まれ、大切な家族を失った。しかも尋常でない惨殺とあっては、まともに旅などできるまいと心配していたが」

弥平は言葉を遮るように、慌てて言った。

「そこのところでございますが、仁左衛門様の話によりますと、お父上様は奥方さまや後室さまにはすべて内密にしていらっしゃったようで、事件の真相や背景はご存じないと思います。

ですがいろいろな方の噂から、皆様が無惨な死に方をされたことは、お分かりになっていると思われます」

「その配慮が父上らしいよ」

「はい、とても真っ直ぐで優しいご気性のお方だったと聞いております」

茶でも飲んで楽にしてくれと言われても、今の弥平にはとてもそうはできなかった。嘉兵衛様は使用人から若旦那様と呼ばれていたが、間近で拝顔すると、なるほど、とても若い主だった。三十路に入ったばかりか、もしくは三十路半ばとも見える。

「ばばさまも母上も、年齢にしても体力的にも疲れるのは当然であろう」

嘉兵衛様はぼそりと呟き、茶をすすりながら、外に目をやった。が、障子は閉められているので、外が見えるはずがない。はて嘉兵衛様は何を見ているのであろうか。弥平は緊張のあまり、それまで木々を叩く雨音にも気が付かなかった。どんよりした雨雲から、再び雨が落ち始めていたのだ。部屋には火鉢の炭が燃えていたが、なぜか寒さが身にしみる。北国の雨はやはり冷たいものよと思いながら、雨音を聞いていた。すると少しだけ緊張がほぐれ、茶を頂く気分になった。

「ところで、そちにも悲しい目に合わせていたとはの。私の小さな妹も、そなたの妹も、惨い最期だったと。そこまで山岡家の血を絶やさねばならなかったのか」

「そこまでせねばならなかったのか、私でさえ、いくら考えましても納得いきませぬ」

うつむいて目を閉じ、しばらく無言でいた嘉兵衛は、顔をゆっくり上げ、何かを決心したように弥平を見た。

「父上は家老たちや殿からも、それほどまでに恨みを買っていたのか」

「いいえ、決してそうではないと話を伺っております。山岡様ほど貧しい村や苦しい生活に目を向け、どうすれば生活が改善されるか、日夜試行錯誤して、時を費やしておいでたご家老様はいらっしゃらなかったと。百姓たちの苦しい生活を知る為に、ご自分の足で歩き村中視察され、直々に民の声を聞いてまわり、ご自分の体で理解され、この藩に何が必要なのかを把握されていたと言います。そのおかげで数年の間に、極貧にあえいでいた百姓たちの生活は改善され、生活は次第に楽になっていったのは事実でございます。若殿様と一緒に伊予に入国されて以来ずっと、陰になり日向になり山岡様をお助けしてこられた日振島の庄屋仁左衛門様は、その事実をよく存じておられます」

「ならば、城内で恨みを買うとは、どうしたことか」

何が間違っていると言うのかと、膝に置いた手に力を入れ、嘉兵衛は悔しさに耐えがたい様子だった。

「お殿様に反感を持たせ、自分たちの利益ばかり考えている家老や家来たちが、まかり通ったと。簡単にまとめれば、そうのようです。実直な山岡様が暗殺された。皮肉なことです。善良な者が消され、悪い奴が大手を振って歩く、嫌な世の中でございます」

嘉兵衛は弥平の言い草に驚き、しばし顔を見つめていた。まだ年若い顔をして、何と世の中を悟り切り、難しい事をさらさらと言葉にして語ることができるのかと思う。仁左衛門の書状にあるように、学問は身につけていないが、相談相手になる誠実な若者だとしたためてある通りだと感じ入っていた。

「多勢で北の国から南の国へ下向するには、多額の金がいる。その一部を大殿から借金することになり、その借金が後々まで財政に影響を及ぼすことになった。この事実をどれくらいの家来たちが知っていたか。詳しいことはほとんど知らされていなかった。執政総奉行の父上だけが現状を把握し、あれこれと策を練っていたようだ」

「他の家来たちは他人事で、ほとんど重大視していなかったと思われます」

「何故父上は詳しく家来たちに解き明かさなかったのか。一人で背負うことはなかったと思うのだが。とにかく総奉行は、借金返済の解決を迫られた。苦肉の策として、家来たちにも倹約を勧め、報酬も減額するまでに至った」

「民には税を軽減してやり、またもや家老や家来たちの報酬が減額していくばかりだと。ここにも、事件が起こる火種がくすぶり始めていたと考えられます」

「その種をまき始めた桜木弦蔵は、妬み深く謀略家で非常に腹黒い男だと記されている」

「そのようでございます。山岡様の活躍ぶりや、山岡様を信頼し慕って行く民の姿が放っておけなかったと言われます」

このような性格の者が世を支配し、こういう者の野心に火がつき始めたら、誠に恐ろしいことになるものだと、嘉兵衛は腕組みして唸り声を挙げた。

「それに反して山岡様は、お立場上とは申せ大変に生真面目なお方であられ、いい加減な事は決してなさらない方と聞いております。そんな性格を信頼され、大殿様は親代わりとして正秀様を良い藩主に育ててくれるようにと期待して送り出したとか。山岡様はそんな信頼を裏切ってはならないと、ひたすら忠勤に励んでおられたのです。

胸の中で山岡様への妬みがふくらむばかりの桜木弦蔵は、仲間と酒を酌み交わしながら、様々の内容をすべて山岡様の過ちにして、殿様に吹聴していたと伝わっています。桜木は山岡様が勝手な真似をされて非常に困っているとまで話を大げさにして、後戻りできない状態にしたのです。殿様も親代わりだという山岡様の言葉や行動に、反発を抱く面も多々あったようです。そこの弱みを知っていた桜木は、益々殿様の山岡様に対する気持ちを変化させていったと考えられます」

「そこが桜木の上手いところだ。殿もそんな桜木と語るのが楽しく、つい気を合わしたこともあったのだろう」

心温まる話もあるのだと、弥平は急に話を変えた。船の上で奥方さまと後室さまに酒を注ぎながら語っていた仁左衛門様の話を思い出していた。

「酒が飲めない二人にな」

信じられないし愉快だと、嘉兵衛はくっくっと笑った。

「若旦那様、今思い出しました。お父上もお酒に強い方ではなかったらしいのですが、思考錯誤し悩んだ後の気分を解す為に、お酒を楽しんでいたと伺っております。好んで選ぶ酒が、船上で仁左衛門様がお二人に注いでいた品だそうです。お父上は仁左衛門様を相手に心ゆくまで飲まれ、小唄まで口ずさんで楽しい時を過ごされたそうです。

後室さま、奥方さまお二人も、お父上が美味しそうに楽しんでいた酒だと知ると、進んで杯を差し出し、二杯三杯と飲んでおられましたよ」

「そうか、そんな一面もあったのか。母上もばばさまも飲めない酒を涙と一緒に、捧げていたのかもしれん」

その後嘉兵衛は、父上も心を開いて酒を酌み交わし、語り会えた人物がいたのかと小さく呟いた。そして「本当に、よかった」とふっと息を漏らした。

「ところが父上は、殿の前では姿勢をくずすことはなかった。面白さもない。戯れ言一つ言わない。親代わりという責任もあってのことか。教訓めいた話ばかりで、殿はうっとうしくなっていた。殿は厄介な家老ぐらいにしか思っていなかった。そこへ桜木の讒言。殿は道理を忘れ自由闊達な桜木の方に面白さを感じたのだろう。考えたくないが……」

障子が静かに開いた。華が、湯気の立つ新しい茶を持ってきた。静かに退く時、小さな声で夫に囁いた。

「先ほどから、義母上さまがお待ちでございます」

「そうか、すぐ行く。おばばさまは起きてるか」

「いいえ、まだ床に伏せたままです。食事も進まない様子ですよ」

随分お疲れになられたご様子だ。何もお役に立たなかった手抜かりを、どうぞお許しくださいますようにと、弥平は改めて華さまに頭を下げて詫びた。

「いいえ、そのようなつもりで言ったのではありませんよ。傷付けてしまったのなら、ごめんなさい」

「お互い謝ることではない。無事に帰れたことだけで十分だ。弥平、そちのおかげぞ。二、三日ゆっくり休めば、おばばさまも元気になられるだろう」

「はっ」

両手をつき、嘉兵衛様の優しい言葉を謹んで受けた。障子を開け退こうとする華に、嘉兵衛が声を掛けた。

「すぐに参ると、母上に伝えてくれ」

軽く頷いて、華は静かに出て行った。嘉兵衛は再び弥平と向き合った。

「そちもまだ疲れが残っておるだろうに、朝から呼び付けて申し訳なかった。明日また同じ時刻にこの部屋に来てくれ。そなたが唯一の証言者だからな」

ご期待に添えるか不安だが、納得いくまでお相手させていただくと、恐縮しきった返答を弥平はした。嘉兵衛は立ち上がっても背筋をピンと伸ばして部屋を後にした。


嘉兵衛はそのまま奥方の元を訪れた。奥方は後室の枕元で、二人の孫と遊んでいた。

「母上、お待たせいたしました。萌も千寿丸もばばさまやひいばばさまと一緒で、嬉しいのう」

「はい、父上」

かわいい声で、返事をするひ孫を、後室も床の中から笑顔を浮かべ眺めていた。しかし奥方は淋しげだった。萌は四つ、千寿丸は二つである。この二人の孫よりもっと幼かった我が娘の梅を、思い出さずにおれなかった。梅と二人の孫の年齢が逆転して、こんな形もあるものだと、少し滑稽にも思ってみた。

しかしすぐに悲しみが襲ってきた。梅だけではない。別れ際にこちらをじっと見つめていた三人の息子たちの姿が、次々に浮かんでくる。胸が締め付けられるような悲しみを止めることはできなかった。故郷へ帰って来て、以前と変わらない穏やかな生活を取り戻してきている。でも奥方の胸には、南国の片隅で眠っている愛しい家族が呼んでいる気がしてならない。

ここから伊予までは遠い道のりだし、長い時間がかかってしまう。そうだとしても、家族をこのままにしてはおけないと苛立ちが募ってくる。

「ばばさま、嘉兵衛でございます。ばばさまは、小豆の入ったぜんざいがお好きだったと記憶していますが、いかがですか」

「以前は大好きで、良く食べたもんだった。嘉兵衛はよく覚えていてくれたんだ。嬉しいけど何も食べたくない。それより、話を聞かせてほしい」

嘉兵衛はどんな話かと、聞き返した。

「大殿様には、事件の詳細が伝えられているらしいが、では、大殿様はどうお考えなのだ」

一年前を思い出しながら、嘉兵衛はゆっくり語り始めた。

江戸詰めの長男屋敷に、早馬で知らされた。意外な知らせに大殿の驚きも大きかった。一番信頼を置き、正秀のよき教育者であってほしいと願いを託していたほどだった。大殿は聞き逃がしにしておけない。忠兵衛が、しかも小さな家族までも暗殺されたわけを詳細に調べるよう、後見人だった柴折左衛門に命じた。ところが首謀者たちは自分たちの計画が発覚するのを恐れ、さらに陰謀を企て何もなかったように取り繕ったとされる。

「じゃ、大殿に事件の真相は伝わってないじゃないか」

「そうなります。陰謀の手は、闇の中で暗躍し、闇の中に葬られたと」

殿に酒を振る舞いながら桜木弦蔵は、大坂城修築の際に資金が不足したのも元を辿れば、山岡忠兵衛の失策によるものだと訴え、上機嫌の殿を自分の方に引き込んだ。山岡公を蟄居閉門に至るまでに殿を動かした桜木一味は、殿の気持ちが変わり暗殺計画がばれるのを恐れて、手早く計画を実行に移したのだった。とにかく色々な理由はあるが、暗殺を決定不動の物にしたのは、大坂城修復費用の責任転嫁となる。

「父上はここで大きな声で喚かなかったのか。桜木は責任転嫁をしていると」

「そう、間違っていると、もっと勇気を出してほしかった」

「だが、誰もあざ笑って耳を貸す者はいなかったにちがいない」

「大殿は、公平な裁きをする気はなかったのか」

「なんということ、主犯格の家老たちには、何のお咎めもないというのはどうしてか」

後室にとってみるとこれらが妙に腑に落ちないところであった。大殿までが、指導者の力量が足りなかったとし、山岡忠兵衛を処分の対象としたに過ぎない。ということは、すべて忠兵衛の失策であると判じたのか。それほどまでに桜木一味は巧妙だったのか。

後室は布団を握り締めて悔しがった。傍で聞いていた奥方も悔しさが込み上げ興奮している。挙げ句には気分を悪くし、華の手を借りて寝所へ向かった。奥方と遊んでいた孫たちは、面白くない大人の話から逃れて、いつの間にか部屋を出ていた。

話を聞かせる嘉兵衛もせがまれたからとはいえ、二人が悔しがり嘆き悲しむ姿に耐え忍んでいた。身内が悉く惨殺されていった事態を解明していくと、理不尽さが浮き彫りになり、首謀者たちの巧妙な手口に腹の虫が治まらない。桜木一味は、執政総奉行、山岡忠兵衛らを葬り去り、今頃はのうのうと殿の前で祝いの酒を酌み交わしているに違いない。そんな者たちを、このままのさばらせておくものかと、嘉兵衛は遥かに遠い南国の方角を睨んでいた。

嘉兵衛の後姿を見送った弥平は、ぶらりと外へ出た。威風堂々たる天守閣を仰ぎ見ながら、城下の裾野を散策した。自分の国の城より遥かに巨大で、一山全体が大殿様の城であるのかと、唯々感嘆するばかりである。落葉して、むき出しになった樹木の幹や枝の間から垣間見える城郭は、北国一の勢力を誇り、不動の地位を築いた象徴だと顕示している様が伝わってくる。

空気もすべてが、静止し静まりかえっている。時々、人の気配を感じて振り返って見るに、誰もいない。枝からぱさりぱさりと落ちては風に舞う木の葉の影があった。いよいよ冬が始まる。頭上では、丸出しになった木々の幹と枝が風に揺れるばかりだった。

翌日、約束した時に、弥平は再び嘉兵衛様と向き合っていた。

「今一度、陰謀の背景を探り出してみる。協力してくれ」

さて自分の桜木一味に対する知識は仁左衛門様に教えられたことのみであるがと、心の中で思案したが、この場に及んでは「はっ」としか返答できなかった。嘉兵衛は弥平の不安などお構いなしに、自分の思いを整理しようと焦っていた。

「桜木が父への反感を抱き始めたのは何故か。父は千石、桜木は千九百五十石と、家格、知行ともに上であったのだが。暗殺にまで及ぶ深い恨みを抱く背景には何があったのか」

「桜木様は名ばかりで、実権は、執政総奉行として藩政に広く深く関わっていらした忠兵衛様にありました」

「父を信じてる。身を呈して改革を実行し、良い結果が出た。苦しかった民たちの生活は安泰に向かったではないか。桜木はそんな父の働きを障子の穴をのぞくように眺め、部下の報告だけを受けていた。民たちは貧しくても馬鹿ではない。当然ながら父を信頼し、期待を寄せ、自然の成り行きで桜木には背が向いてしまった」

「普通なら、それだけのことで暗殺など考えれるものではないかと」

「嫉妬するうち、次第に妬みが大きくなり憎しみとなって、暗殺を考え始めた」

「そこに到るまでには、まだ沢山の出来事を揃えなければなりません」

「要は、ここからだな」

「左様でございます。問題が深刻になるのは、まだ先のことです」

「父上がいつも口癖のように言っていたことを、今になって強く思い出すよ」

弥平はそれはなんでございますかと、話を促した。

「それはだな、政に関わる者が一番念頭に置かねばならないことは、民たちの生活が安定する道を開いてやること。それが国の安定につながるのだ、と。そのためには取り立てる租税を軽くしてやらねばならない。父は着任早々改革にのりだし、短い期間で税率七公三民だったところを、六公四民にまで動かした」

実力派なのですよと、弥平は忠兵衛様を称えた。ところがこれに対しては必ず反対派が動きだす。

「父は家老や家来たちに持ち上がっている不満を知っていたのか。それに何故二つ目の改革に、軍事力を固めようとしたのだろう。資金の調達を藩内の諸事諸々質素倹約で賄うとしたらしい。それは軍事責任者だった桜木は納得するはずがない。戦いが少なくなり世も落ち着いてきた時期、どうして軍事増強が必要かと言いたかっただろうし、自分たちの報酬を減らされるとなると立腹するのは当然かもしれん」

では父の考えは、少し時代の動きからはずれていることになると、嘉兵衛は力を落として小さく言った。これも反感を持たれる大きな原因の中に入ることになったのだろう。

さらに嘉兵衛を嘆かせたのは、藩の財政が窮乏しているのに、幕府は大坂城修築ということで石垣工事—を命じ、藩主正秀公も忠兵衛と桜木の二人に責任を持たせている。藩主も二人の不仲を知ってわざと競わせ、どちらかの失脚を楽しもうという腹づもりだったのではないか。桜木は筆頭家老、忠兵衛は執政総奉行だから二人に命じたのは、当然と言えば当然のこと。

一期工事に山岡を着任させた。予算配分が上手く財政に長けていた山岡は、節約主義で運行させ任務の百日を滞りなく終えた。

桜木弦蔵が後半を引き継いだ。ところが無策ぞんざいな性質がそのまま工事采配に表れた。一番重要な資金に、不足が出始めた。さすがの桜木も、さて困ったことになったと思案するところとなった。「わしのせいか。いや、そうとはさせない」と、焦りを感じながら策を練り、ようやく桜木の脳裏に閃いた案とは、資金不足を山岡忠兵衛の落ち度とするものだった。

正秀公への報告で、山岡の失策が後々まで尾を引き、ついに資金不足になったと申し開きをするに致った。それを知った忠兵衛は、度肝を抜かんばかりの驚きようで、すぐ正秀公に取り次ぎを願い、桜木の申すことは何かの間違いであると、強く主張した。しかし桜木はどこまでも山岡の失策だと言い張り自説を曲げない。こんな時、正秀公は酒を酌み交わすほどの仲だった桜木の主張を自然に受け入れる形になったと考えられる。

「山岡様の仕事振りや性格を良くご存知の仁左衛門様は、どちらが正しいかはっきり理解されていたのですが、藩主様に仁左衛門の声が届くわけもございません。無念ですが、藩主様に取り入る手腕は、桜木の方が上手だったから、山岡公は罠にかかったとしか言い様がありません」

嘉兵衛は腕を組み、返す言葉を失っていた。

「弥平よ、事件を顧みれば顧みるほど腹が立ち、悔しさが込み上げてくるばかりだ。今日はこれくらいにしておこうか」

嘉兵衛は力なく言い残して、部屋を出て行った。弥平は役目が終わり用事がなくなると、一人ぶらりと屋敷の外に出た。


まずは再び城の天守閣を見上げた。北国一大きくして、強い権力を誇示している。大殿様の城らしい。力を漲らせ、どっしりと構え天守閣を支えている城山から裾野までをゆっくり見渡した。弥平は言葉は浮かばず、腹の底から大きな吐息を漏らした。その後ゆっくり裾野を散策した。

広瀬川から引き込んでいるのだろう。山裾を取り囲むように小川があり音もなく水が流れていた。午後なのに岩陰には、まだ氷が残っている。そんな氷をすり抜けて水はするすると流れて止まらない。浅い水底がはっきり見えるほどに澄んでいる。

馬場の前を通り過ぎ、屋敷が立ち並ぶ小道に差し掛かった。ここは静まりかえり、人の気配はなくても、人の息吹は伝わってくる。南西の方角から傾きかけた夕方の日の光りが、流れて止まない小川の水面にきらきら反射していた。

時間が経つうち、のんびり散策している弥平は、居候の身であることを思い出した。食事を食べさせてくれる長屋の源太郎家族に申し訳なさが募ると、自然と足の動きが早くなり先を急いでいた。

弥平と話を終えた嘉兵衛は、後室の寝所へ向かった。今日の具合によっては医者を呼ぶ必要があるかもしれないと、胸を痛めていた。しかし心配したほどでもなく、目をしっかり開き意識もはっきりしていた。なのに起き上がる気力も体力も尽き果てたという感じで、床から離れようとはしなかった。が、嘉兵衛の顔を見ると、固い表情に微かな笑顔が浮かび、優しげな後室の面影も漂っていた。後室の枕元に座りこんでじっと見つめているひ孫に、手を差し出すがうまく手が届かない。それに気付いた嘉兵衛は、娘と息子を抱いて祖母の手を握らせた。

「柔らかいのう。なんとかわいい手だこと。名はなんと言うのかえ」

「萌と千寿丸、と名付けました。年が明けると五歳と三歳になります」

萌は自分のことを言われているなと分かったのか、恥じらいの笑みをうっすらと浮かべた。

嘉兵衛は後室につきっきりの母に萌を預けると、後室の傍近くに膝を寄せた。

「ばばさま、そろそろ床を上げて故郷の景色でも楽しんでは如何ですか」

「帰るまでは、何もかもが楽しみじゃった。だがのう、そんな気力も体力も消えてしもうたわ」

「そんな弱気では、父上も悲しみますよ。今はばばさまが我が家の大黒柱で、私共を導いて下さらんと」

「嘉兵衛よ、そなたは家の長男として立派に成長してくれました。ばばは嬉しいし、もう安心ですよ。忠兵衛に会うたら、そのことを伝えておきますから」

こんな言葉を今まで何度聞いてきたことか。世話になった人たちとの別れ際、必ず言ってきた。嘉兵衛にも聞かせている。傍らで奥方は淋しく苦笑していた。

「茶が飲みたい」

後室はポツリと言った。奥方も華も喜んで抱きおこし、茶を飲ませた。後室は二口、三口含んで美味いと味わい、その後、ゆっくり腕一杯を飲み干した。それから再び横になると、大きな息を吐いて気持ちを整えているようだった。

「ところで、大殿様は忠兵衛が暗殺されたというに、どう受け止めておられるのかえ」

「ばばさま、それは一度話して終わっていることでしょう」

「いやかまわん、心安らぐまで何度でも聞いてみたいのよ」

「大殿様もそれは驚かれ、相当ご立腹でした。信頼し正秀公の親代わりとして下向させた忠兵衛が蟄居の末、暗殺されたとあっては、見過ごすはずがありません。従兄の沢谷から直々の抗議を受けた大殿様は、すぐに柴折左衛門に詳しく事実を調べさせ、改めて報告するよう命じたと聞いております」

「それで、どうなったのか」

「大殿は事態の容易ならんことを理解し、正秀公の力不足を嘆いて、息子の改易を幕府に願い出たとのことです」

「お咎めがあったのは、藩主だけでしたか?」

「今は、そのようです」

「大殿も藩主も、裏の黒幕、首謀者たちの動きを、間違っていると判断されんのか」

「真面目一筋の面白くない父上の訴えより、宴席を設けうまく取持つ方の話に、耳を傾け納得したとしか思えません」

従兄の沢谷の訴えもうまく矛先を変えられてしまった。柴折左衛門の報告を待ってしても、山岡忠兵衛の責任であるとの結論をくつがえすことはできなかった。結局大殿は、息子正秀公の改易を取りやめることになったのである。

姻戚関係もまた、忠兵衛には大きな不利な条件となっていた。井伊直一公は、正秀公正室の岳父であり、幕府に顔が利いていることもあって、桜木弦蔵の腹黒さを追求する方向に向かなかった。事件の真相を解明することより、お家の存続をはかる方が大事なのだ。一族の悲劇など問題視されないことがよく分かった。

「事件は闇に葬られ、忠兵衛は浮かばれなかった。何と非道な世の中じゃ。陰謀を計った者は今も生きておる。私利私欲無しで藩政を立て直そうと日夜苦心し努力した者は、残酷な死を被るとは、言葉もないよ」

後室の涙は、はらはらと流れ枕を濡らしていった。孫やひ孫に見つめられていることなど気にせず、無念の声を挙げて思い切り泣いた。息子の疑いが晴れることなく、暗殺者たちに何のお咎めもなく速やかに事件が処理されたことで、後室は世の無情さ、己の無念さに身を絞られるような悔しさに震えていた。

弥平は薪を割りながら考えていた。嘉兵衛様の話相手もほとんど終わったと思っている。そろそろ国へ帰る準備をしてもいい頃だし、雪が降り出さないうちに南へ向かった方が都合が良いのではないかと思案していた。この気持ちを奥方さまや嘉兵衛様にいつ切り出そうかと、時を窺っていた。

が、事態は急変した。師走に入ったばかりの朝だった。屋敷の方が妙に騒がしい。夜明けの光はまだなくて、外は暗かった。弥平は一人取り残された気分のまま、慌てて庭に飛び出した。と同時に源太郎や源次郎たちが、医者を引っ張るようにして屋敷に入る姿が目に飛び込んできた。源太郎の女房たちも、屋敷の中で働いているのだろう。弥平はどうすればよいのか分からなかった。その時、薪を抱えて横切ろうとした源三郎を見つけ、弥平は駆け寄った。

「この騒ぎは何事ですか」

「お前はのんきで、ええよ」

弥平は返す言葉もなく、ただうろたえていた。

「後室さまが気を失ってお倒れになったのだ。急に起き上がろうとしたらしい」

それだけ言い残して、源三郎は慌ただしく屋敷へ消えていった。

なす術もなく弥平は一人、ぽつんと取り残された。身を置く場所を失った弥平は、しばらく握ることのなかった木刀を取り出した。人目につかないように長屋の隅へ行った。忘れていた木刀は非常に冷たく、腕の筋力にもずきんと響くほどに重かった。

「えいっ、えいっ」

腹の底からひとりでに声が出てくる。百回、二百回、これでもか、これでもかと木刀を振り続けた。

突然一本「やっ」と斜交いに、木刀が飛び込んできた。油断していた弥平は頭を割られるところだった。源三郎だった。続け様に、「やっ」「やっ」と打ち込んでくる。弥平は必死でそれを受け止めようとした。木刀の空を切る音が耳をつく。弥平はやり場のない気持ちを晴らす為に振っていたはずなのに、いつの間にか真剣勝負になっているではないか。源三郎の木刀は何を意味するのだろう。

「もっと、もっと、腕を磨いていこう。暇を見つけてはのことだが」

「はい、お願いします」

訳も分からず、弥平はそんな返事をしていた。源三郎は薪を抱えて再び、屋敷の中へ消えて行った。

翌日昼過ぎだった。弥平は再び嘉兵衛様から呼び出された。その日は朝からどんより曇り、雪を誘っているような冷たい風が、木々を震わせ屋根に吹きつけていた。

弥平が長屋を出る頃に、やはり予想通り雪は降り始めた。源太郎の女房からもらった綿入れ半纏を羽織って、足早に屋敷に向かった。お屋敷の裏口を開けると、風と一緒に二つ、三つ、四つ、白い花びらのように雪が舞い込んだ。

弥平は挨拶とともに、後室さまのお見舞いを申し上げた。

「ありがとう。意識がなかなか戻らんでのう」

「心配でございます。何のお手伝いもできず申し訳ございません」

「いや、手伝いは間に合っておるから、気を遣うことはない。それより事件の重要な点をもう一度確認したいから、私の相手をしてくれ」

「まだ、残っておりましたか」

嘉兵衛は茶を飲み干した。そして弥平に冷めぬうちに茶を飲むよう勧めた。

「どうだ、こんな寒い雪の日は、蕎麦茶もうまかろう」

「蕎麦茶でございましたか。初めての味でございます。濃がありますね。元気になれる気が致します」

若いがなかなか茶を嗜む素養があると誉めながら、嘉兵衛も嬉しそうだった。

「ところで、大阪城修築工事費をめぐる桜田の企みについて、もう一度話がしたい」

「その点は先だっても、確認した個所のようにも思われますが」

「そうだが、納得いくまでは繰り返さねば」

嘉兵衛は、この信じがたい事実を受け入れるために苦しんでいるのだ。

「工事費の不足を問い正された時、桜木は自分の非は隠して父が着服したことにすると決めていた。桜木は自分に加勢してくる藩士、つまり父の政策で経費節減や減給に不満を抱いていた者たちが父に背を向け、桜木の呼び掛けに賛同する人数が増えるだろうと確信を持っていた。

その機に乗じて桜木は、家来の清水茂兵衛に命じた。念には念を入れ、正秀公に報告させた。工事費の不足は、山岡忠兵衛の不正からだと。真面目実直だが社交下手な父が訴える真相は受け入れられなかった。もてなし上手な桜木は、正秀公と面白可笑しく酒を酌み交わし、山岡忠兵衛の讒言を繰り返してきている。よって藩主は、山岡忠兵衛への不信を更なるものとする。

酒を振舞い面白可笑しく話が盛り上がる中に、暗殺計画が織り交ぜられ、また忠兵衛に切腹を命じては如何なるものかと冗談めいて語ったとしてもおかしくない。正秀公の後ろ楯があってこその、凶行だったのだから。

しかし、何故彼らは事を急いだと思うか」

しばらく仁左衛門様の話を思い出していた弥平は、おもむろに口を開いた。

「仁左衛門様の話によりますと、仙台の大殿様に計画が漏れ、事実が発覚するのを恐れたのではないかと。一味が内密に事を急いでいる動きを察した仁左衛門様は、わざわざ山岡様を訪ね、額を寄せ合わせ、今後どうすべきかを話し合われたそうです。しかし山岡様は手が打てなかった。どうしようにも迫る危機を防ぐことはできず、ついに元和六年六月二十九日の夜、桜木一味の計画は実行されたのです」

目を閉じたまま、嘉兵衛はしばらくの間、無言だった。

「今更いくら事の真相を探ったとて、無念ばかりが募ってたまらんの。それにしても御粗末過ぎる政策で藩を牛耳ろうとする桜木一味に比べ、父に味方してくれる者たちは、不思議にも、どの方も実直で温厚な方ばかりだな。それだけに、疑いを跳ね返すほどの力がなかった。藩主の気持ちを覆すに足りる説得力に欠けていたに違いない。いやそうではない。藩主に拝謁できないし訴える時がなかったのだ」

「はい、残念ではございますが、悪知恵が働く方が勝利を得た、という結末でございます」

「山岡忠兵衛の正義は、敗れた」

最後に嘉兵衛は小さく呟いた。首を垂れたまま部屋を出た。弥平は嘉兵衛様の後姿が見えなくなるまで見送った。静けさの中で遣り切れない淋しさや悲しさを噛み締めていた。

広瀬川の川面に雪が舞い落ちては、水に溶けていく。このところ雪が降り止まない。あと数日で年の暮れになる。お暇する日を決めかねて、とうとう今に至ってしまった。後室さまはずっと眠ったままでおられる。それを思うと、話が切り出せない。時の流れに任せるだけだと、腹を括ってはいたが、妙に落ち着かない。贅沢は言えないが、弥平は雪の少ない、お日様が明るく温かく照らしてくれる、故郷が恋しくなっていた。

足を止め、城を見上げた。雪化粧された天守閣もまた美しく、立派な城郭だと改めて感嘆してしまう。出立の日を延ばしたとは言え、これが城の見納めになるだろうと思うと、去りがたく暫し、静かな雰囲気に浸ってしまった。

時の流れは止まることを知らず、新しい年、元和八年となった。

「義母さま、もうすぐお好きだった蠟梅の花が開きますよ。目をお開け下さい」

奥方は毎日枕もとで、後室に何かと話し掛けてきたが、良い兆しはなかった。弥平も屋敷の外で竹笛を吹いた。船の上で大層喜ばれていた日を思い出し、少しでもお慰めできればと祈るような気持ちで吹いていた。

蠟梅が満開になり紅白の梅がちらほら開き始めた如月、皆の期待もむなしく、後室は還らぬ人となった。生前口癖のように語っていた土産話をたくさん持って、息子や孫たちに迎えられているかもしれない。見送る方は、そう思って諦めるしかなかった。

それから十日が経った。弥平は自分の方から嘉兵衛様にお目通りを願うと、それがすぐ叶えられた。座敷に通された。襖を開けたとたん、弥平は驚いた。嘉兵衛様の横に奥方も並んで座っていたからだ。

「弥平、何も語らず、私の話を聞いてくれるかい。今そなたが言いたいことは、よく分っております。申し訳ないが、もう少しの間待ってくれないか」

弥平は畳に手をつき頭を下げて、ただ「はい」としか言えなかった。

「そなたは、今日明日にも出立したいであろうが、先ほども言ったけれど、今しばらく待ってくれないか。時がきたら、南の国へ私も連れて行って欲しいのだよ」

「えっ、奥方様、またどうしてでございますか。やっとの思いで故郷にお帰りになられて、まだ半年にも満たないじゃありませんか」

その言葉を受けて嘉兵衛が言った。

「止めたがどうしてもと言うので、今は母の気持ちをどうすることもできぬ。残念なことだが仕方ない」

と諦めの境地だった。

「家のことは、嘉兵衛と華に任せて大丈夫です。安心して家を出れます。かわいそうな最期を遂げた忠兵衛と子どもたちの側へ行ってやりたいのです。側で菩提を弔ってやらねば浮かばれません。せめてそれくらいはしてやらねば、気が済まぬのです」

「弥平、私は母の気持ちを大切にしてやりいと思っている。しかしこの家でも、家族皆で初盆を迎えてやり、今度こそは安らかに冥土へ逝かれますよう、霊を見送ってやらねばならぬ。その間の約半年、この地に留まってくれまいか。そうしてくれるなら、私も安心して母をお見送りできるが、どうだろう、弥平、頼めるか」

「分かりました。奥方さまの固いご決意、お見送りせねばならない嘉兵衛様のお気持ち、しかとこの拙い胸に受け止めました。私で役に立つのでしたら、喜んで再び奥方さまのお供をさせていただきます」

「ほっとしました。足手まといになるだろうが、よろしく頼みます」

奥方は身を乗り出して、弥平を頼りにしている旨を伝えた。


翌日からどうしたわけか、源三郎が弥平を連れて屋敷の裏へ行き、木刀で手合わせする日が続いた。時には源次郎もやってきて、気合を入れた。兄弟揃ってなかなかの腕前で、いつの間にか、弥平の指南役といってよい関係になっていた。


初盆を迎える日となった。家族だけでひっそりと迎え火を燃やすのだと言い、八月の十日頃に、屋敷の回りに松明の火が灯された。毎日新しい白米のご飯が供えられ、果物や野菜、子どもたちが好きだったという菓子を作って供えた。悲しみの中で、静かな日が続いた。

盆が明けるその晩、冥土へ霊を送るとき、奥方は二人の孫を膝に抱いて、今にも消えてしまいそうな松明の火を見つめていた。

「萌も千寿丸も良い子ですね。素直で良い子のまま、大きくなっておくれよ。そればかりじゃ駄目で、悪いことに会ってもくじけない強い子におなり。ばばは側で大きくなるまで見守ることは出来ないが、どんなに遠くに行っても、何時もかわいいそなたたちのことを思っているからね」

二人はこっくり頭を下げたが、萌は一言つけ加えた。

「ばばさまは、またどこかへ行かれるのですか」

「ええ、そうよ。明日、また南の遠い国へ行くことにしたの。暖かい南の国にはね、そなたたちのじじ様や四人の従兄妹たちが、冷たい土の中で眠っていて、ばばさまが行く日を待ちかねてるの。だからばばさまは、どうしても行かなければならないのですよ。

そなたたちはこの国で、父上や母上の教えをよく聞き、賢い人になっておくれ。

盆の日も終わりね。今日までじじ様もひいばばさまも四人の従兄弟たちも、皆と一緒に過せて嬉しかったことだろう」

奥方の目に光っている涙を見た時、萌も小さな指で涙を拭いていた。後ろでそれに気がついた華と嘉兵衛も、声を押さえて泣いた。嘉兵衛は母の姿を見るのもこれが最後になりそうな気がし、別れの辛さが込み上げてくる。

翌朝早く、奥方の世話役だと知らされ、若い娘一人が加わった。雪絵といった。三人は屋敷に仕える者たちにも見送られ、ゆっくり門を出た。嘉兵衛家族も源太郎一家とも、無言のまま頭を下げた。別れの挨拶だった。

奥方の足取りは軽かった。固い決意の旅立ちの為か。弥平は無言で歩く雪絵を、横目でちらちらと見ていた。どこかで一度見たことがあると、そんな気がして思い出していた。坂道に差しかかった時、弥平は思わず「そうか！」と声を挙げて、側の二人を驚かせていた。弥平は思い出していた。城山を眺め、小川に添って小道を散策している時だった。前方の小川で、何かを洗っている娘が居た。このところ若い娘を見るのは初めてだったから、弥平は慌てて散策の道を変えたことだった。娘の側を通ることは、何か悪いことでもしているようで怖かった。しかし今は奥方を間にして、肩を並べるようにして歩いている。出会いとは不思議でもあり面白いものだと思っていた。

悲しい知らせ、そして

浪速で船を下りると、休むことなくひたすら歩き続けた。奥方が再び南へ下る時、女の足を考慮して東海道を通り、比較的平坦であるという海岸線沿いの街道を選んだが、今回は男独り旅である。別のルートを選んだ。中山道を通り日光街道を経て、奥州街道へ入る。道中には旅籠が沢山あるが、弥平は安い木賃宿を選んだ。だが食べる物には苦労した。干し飯もすぐ底をつき、道中で店を見つけては、その日の食料を調達せねばならなかった。

伊予を出てから一ヶ月ほどで、ようやく江戸に入った。新年が明け、何となく活気に満ちた華やいだ雰囲気が漂っていた。しかし弥平にとっては、江戸はただの通過点にすぎなかった。もうすぐ日光街道に差し掛かる。これから北は山が深くなるし、雪が多くなる。ゆっくりとはしていられない。雪深い山道を歩いた経験はない。雪で道が埋まったら方向も見失ってしまうだろう。弥平はただただ夢中で歩いていた。

如月の初めだった。少しずついろいろな思い出がよみがえる城下へ入った。足腰は疲れ果て、朦朧とした状態で、山岡家の屋敷を探して彷徨った。記憶力が強い弥平のことだ。数ヶ月しか経過していないし、やはりよく覚えていた。ようやく辿り着いた安堵感で気がゆるんだのか、屋敷の側でとうとう倒れてしまった。通りすがりの百姓から連絡を受けた源三郎は、あわて急いで、百姓に導かれ倒れている弥平の元にかけつけた。

弥平の身体は冷えきって、気を失っていた。源三郎の家では、突然現れた弥平に驚きながらも、優しく迎え入れた。囲炉裏の火をできるだけ大きくし暖かくして、目を覚ましてくれるのを待つしかなかった。

夕方近くにようやく目を開いた弥平に、猪鍋が用意されていた。

「ご迷惑をおかけして、申し訳ありません」

弥平の口から最初に出た一言がこれだった。

「迷惑どころか、元気が戻って良かったよ。それにしてもこの間送り出したばかりじゃに忙しい男よのう」

源太郎一家の四人は顔をくちゃくちゃにし、息子や弟が帰って来たかのように喜んだ。弥平が落ち着いた頃、源太郎は改めて弥平の肩を抱いて大笑いした。

「元気になったら容赦ないぞ。突然現れたのには、訳があるのだろう」

「はい、その通りです。またもや、悲しいお知らせを……」

弥平はうつむき、一瞬声をつまらせた。

「元気を出して！　何もかも話してくれ」

源太郎の女房は、弥平の背中をさすって落ち着かせようとした。それに応えて弥平も大きく息を吸ってから、ようやく顔を上げた。

「今、土佐六反地村におられる奥方さまは床に伏せっておいでです」

四人は驚き、その場に座り込んだ。

「わたしが庄屋様の家を出る時は、危篤に近い状態でした」

「なんということか」

「悲しすぎる」

何を語れば良いのか、言葉が出てこない。沈黙が続き、弥平がうまそうに猪鍋をすする音だけがする。弥平が旅立ってから数ヶ月は経っている。誰も口にはしないが、思いは同じだった。

「もっと詳しく聞きたいが、嘉兵衛さまがお待ちだ。そろそろ参るか」

「はい」

「あとでゆっくり食べりゃええ」

源次郎に促され弥平は立ち上がろうとするが、がくがく足が震えて倒れそうになる。何回かそれを繰り返し足腰を動かしていると、バランスが取れ出した。一歩一歩慎重に歩数を増やして進んだ。ようやく懐かしいお屋敷が見えてきた。

通された場所は、半年ほど前、何回となくなく足を運び嘉兵衛様と向き合った部屋だった。悲しい知らせで再び向き合わねばならぬのかと思うと、弥平もやりきれなかった。

背筋をピンと伸ばして嘉兵衛様は待っておられた。弥平は頭を下げたまま、挨拶を述べた。

「急用があってのことであろう。覚悟はできているから、遠慮のう話してくれ」

「はい、分かっております」

そうは言っても、次の言葉がなかなか出てこない。

「待ちかねるぞ。はよ言わぬか」

「実は、奥方さまの病気の具合いが、よくありません。今は危篤状態といっても過言ではありません」

「やはりそうだったか。去年の夏の終わり、庭で見送る時、なんとなく母の姿を見るのはこれが最後になるやもしれんと、悪い予感がしたが、あまりにも早過ぎる。真の事になるとはのう。で、いつ頃からか」

「道中はお元気で歩かれ、食事もよく召し上がられていました。土佐に入り六反地村に差しかかった時、急にお倒れになられたのです。六反地村の庄屋様にお世話になっております。大変優しいお方で、何かと気遣いもして下さり、医者も呼んでくれました。お薬を変えたり、医者もいろいろ頭を悩まし治療していただいてはおりますが、病状は良くならないのです。悪い腫れ物が腹部にあり、かなり大きくなっているそうです」

「そうか、もう手遅れなのに違いない」

「医者の指示と庄屋様の配慮で、私がこうしてお知らせに駆け付けたのですが。その後が心配でございますから、すぐ引き返さねばなりません」

「遠い所を、度々御苦労なことだった」

嘉兵衛もすぐには言い出せない言葉だった。

「急いだところで、とうてい間に合うことはあるまい。しっかり休んで、疲れを取ってからにしてくれ」

「お言葉に甘えてよろしいのでしょうか」

「いいのだ。命あってのできる行動だからな」

「ありがとうございます。もう一つお願いがありまして」

そう言いながら、くるくると布をほどき取り出したものは、一本の刀だった。丁重に前に差し出した。

「私の父が、山岡様からいただいた品でございます。妹が姫さまの子守役としてお屋敷に上がる時、妹の代わりとしていただいた品であると。ちょうど姫さまを連れて妹が山奥の私の家で身を潜めていた日でございます。それは姫さまが惨殺された日です。父は顔面蒼白、慌てふためいて私を呼びに来たことでした。父から仁左衛門様の船に乗るように命じられ、別れ際に、後室さまと奥方さまをしっかりお守りするようにとの言葉と一緒に父から渡された刀でございます」

「そう言われてみれば、見覚えがあるぞ。幼い頃の記憶であるが、父上愛用の刀に間違いない。品は悪くないから、何かの役に立つだろう」

「いいえ、お返しする良い時期ではないかと考えました。悲しいことですが、奥方さまをお守りする役目も終わりそうです。嘉兵衛様、お父上の形見としてお納め下さい」

「何を言い出すのか。私は受け取れないぞ。弥平が父の形見として大切に持っていてくれ。それに合わせて私からも、そなたに受け取ってもらいたい物がある。ちょっと待っていてくれ」

そう言い残して嘉兵衛は部屋を出た。とたんに、部屋は静寂に包まれた。雪が降っている静けさは、一際音のない静けさを感じさせるものだった。出された茶を飲みほした時、こんなにもうまい味がするのかと、改めて弥平は喉元を過ぎるそれを味わっていた。

手に一本の刀を握って、嘉兵衛はすぐ部屋に戻ってきた。

「そなたに受け取ってもらいたい物とは、この刀だ」

弥平は差し出された刀に驚き、後ずさりした。

「とんでもございません。私には身に余る品でございます。はっきり申しまして、百姓を続けようとする私には不要な物ですから、ご容赦下さい」

「まだ分かってもらえぬのか。これをそなたに託したい深い訳がある。聞いてくれるか」

「え、まだ何か、私にできることがあるのですか」

「ある。もう一働きしてもらいたい」

さて、嘉兵衛様は何をせよと言い出すのか。弥平はあれこれと思いをめぐらせていたが、急に顔色を変え、小刻みに体を震わせた。

「まさか、そんな、出来ません。先ほど申しましたが、刀を直かに見、手に触れたのはあの悲劇があったあの日なのです。これから先のことは、とても考えられません」

「山岡家も大殿様の計らいで存続を許されておるが、私がこの家を離れたら、たちまちお家断絶になりかねない。この手で父の無念を晴らしたいが、それができぬ。私も人を斬ったことなど一度もない。考えただけでも恐ろしい。そなたも恐ろしいだろうと思う」

「はい、こわくてたまりません。貧乏でも百姓に生まれて良かったと、改めて思っているのです」

「母も遠い伊予に戻り、父や弟妹の霊を弔いたいからと語る言葉の裏には、泣き寝入りでこのまま黙って終わりにしたくはないという、深い思いがあったのではないかと。

弥平、もう一度だけ我慢をしてくれぬか。一人ではない。源三郎にもその旨を伝え、すでに剣の腕は磨かせている。ここに滞在している間、源三郎から本格的に剣術を習って欲しい。頼むぞ、弥平」

こうまで言い含められると、弥平も首を横に振ることは出来なかった。差し出されたもう一本の刀を手に、すごすごと嘉兵衛の前を退いた。

庭の片隅にうずくまり塞ぎ込んでいる弥平の背後から、突然に襲いかかった者がいた。

「おい、油断していると、一刀のもとに身体が割れてしまうぞ」

はっと我に帰り、転がりながら身をかわす弥平。地面に伏しながら、下から相手を見上げると、

「源三郎さん！」

源三郎に手を借りて、弥平はようやく立ち上がった。驚きの表情がまだ消えやらぬ弥平に、源三郎は木刀を渡した。とうとう、特訓開始である。

源三郎は「やーっ」と声を挙げて、真正面から迫ってくる。弥平は横に逸れながら隙をねらおうとするが、すべて防御されてしまう。するとすぐ籠手を打たれ、面を殴打された。

特訓四日目、明るい月夜だった。

「今夜も、参りました」

汗を拭きながら、久しぶりに寛いだ気分になった。源三郎は腰を下ろして、竹筒の水を飲んでいる。

「なあ、弥平、以前手合わせした時より、格段に腕が上がってるぞ」

弥平は誉められ、にこっと笑顔になり、ぴょこんと礼をした。

「源三郎師匠のおかげです。ありがとうございます。源三郎さんは、ついに剣の達人になられたのですね」

「達人か。弥平からはそう見えるかもな」

弥平の言葉を否定する気力も萎え、源三郎は無味乾燥と言った表情だったが、弥平は気にしなかった。

「いつから始めたのですか」

「本格的に習い始めたのは、忠兵衛様が不条理な死を遂げた時からだ。嘉兵衛様が無念を何とかしたいと気持ちを語ってくれた日に、私も心を決めたよ。嘉兵衛様に代って恨みを晴らさねばならないと思うようになった。初めは嘉兵衛様から直々に指南を受けていたが、今は独りで励んでいる。弥平も数日で腕が上達するものではないが、敵から身を守る術くらいは力をつけるといいよ。

ところで、弥平も本意ではなさそうだが、乗りかかった船。共に力を合わせようではないか」

「はい、ようやく心が決まりました。妹もあの事件で、かわいそうな最期を遂げました。この役目を仰せ付かったのも、兄としての定めなのでしょう。百姓の身とは言え、ここまでくれば逃げる訳にはいきません。よろしくお願いします」

弥平もふんぎりがついたところで、立ち上がった。明朝は出発である。旅立ちの準備がある。二人は無言で歩き出した。その時突然二人に襲いかかった者がいた。源三郎はさっと身をかわしたが、弥平は地面をころがりながら、間一髪でなんとか刀をよけた。嘉兵衛は刀を鞘におさめながら、明るい表情で二人を見ていた。

「二人とも期待に応えてくれて、嬉しいぞ。弥平もずいぶん腕を上げたな。もっとも指南役がいいからの。

ところで嬉しい知らせが届いたぞ。大殿様は、最後まで父を信頼してくれた。桜木弦蔵の悪知恵は見えすいており、それに動かされるような殿ではなかった。表では藩主を守る形を崩さなかったが、桜木一味の行動は何とかしなければと思案しておられたらしい。その時期が来たのだ。大殿の命で、十人の刺客を三日前、南の国にさしむけたという。

向こうへ着いたら、母や父、弟妹たちに、大殿の有り難い決断を伝えてくれ。それから親類の者たちにもな。それから源三郎！」

源三郎は姿勢を正して、嘉兵衛の話を待った。

「ここにわずかながら、金子がある。土佐で母が世話になった庄屋に礼をしてくれ、大変世話になりながら気持ちばかりだがと言葉を添えてな」

「は、かしこまりました。必ずお渡し致します」

二人には道中の足しにと、銭の入った袋が与えられた。最後に嘉兵衛は力なく話した。

「土佐へ着いても、間に合わないだろうが、もし万が一母上と話す時間があったら、伝えてほしい。暗殺者たちは必ず滅びるだろう。だから少しでもいい、長生きしてまた故郷に帰って来てほしいと」

「かしこまりました。一日も早く奥方さまにお会いできるよう、六反地村に向けてひたすら歩き続けます」

翌朝、源三郎と弥平は、嘉兵衛様だけに見送られ静かに屋敷を出た。弥平は嘉兵衛様の顔を見られるのは、この朝が最後だと思い、ふと振り返ってしまった。すると嘉兵衛様は、両手を合わせ祈るようにして立っている姿が目に飛び込んできた。

南国の雪

障子の向こうに朝日が映らない。うす暗い朝だと思いながら、雪絵は少しだけ障子を開いた。とたんに「まあ！」と驚きの声が、ひとりでに飛び出した。北の国の故郷では当り前だった雪雲が空一面に広がり、白い雪が静かに降っている。雪絵は小躍して奥方の部屋へ向かった。

「今日は素晴らしい朝でございますよ。この六反地村にも雪が降ってきたのです。今障子を開けますね」

奥方を支えて少しだけ奥方の身を起こし、肩掛けを掛けてやった。奥方も言われるままに首を動かして外を眺めた。

「本当に。それにしてもかわいい雪だこと。ちらちらっていう感じかしら。でも懐しい。もう一度北の国の雪を見たいわ」

「はい、私も急に故郷が恋しくなってきていたのです」

雪絵はぼんやり空を眺め、弥平は今頃どこにいるのだろうと心配していた。ぼんやりしてもおれない。雪絵はゆっくり奥方を床に寝かせ、首まで包み込むように布団を直した。奥方の目はじっと雪絵を見つめている。何か言いたいことがあるのかもしれない。

「奥方さま、苦しいのではありませんか」

それとなく尋ねてみた。

「雪を見たせいか、とても気分はいいわ。ただね、弥平が伊予に行ったとしても、帰りが遅すぎるではないか。今日こそ本当のことを言っておくれ」

雪絵は枕元にゆっくり正座した。畳に手をつき頭を下げた。

「申し訳ございません。庄屋様や私たちの暗黙の了解でございました。奥方さまにご心配をおかけしたくなかったのです」

「分かりました。許しましょう。で、本当はどこへ行ったのです？」

「仙台のお屋敷に行かれました。奥方さま、お倒れになられた様子をお知らせする為でございます」

「なんとまあ、弥平はまた仙台へと、遠い国を行ったり来たり。大変なこと。弥平の身に何も起こらなければよいが」

「弥平さんは、大丈夫ですよ。若くて丈夫な方のようですから」

「そうね、そう思うことにしないと」

「きっと今頃は、お屋敷の様子や伊予の様子を奥方さまにお知らせしようと、こちらへ向かっている頃でございますよ」

「弥平にも世話になった。もう会えないかもしれないね」

「そんな悲しい声を出さないでください」

奥方は目を閉じて両の手を合わせていた。弥平の無事を祈っているのだろうか。雪は止むことなく降り続いている。山も屋根も、うっすらと白色に変わっている。もう少し積ったら、奥方に声をかけるつもりで、雪絵は静かに障子を閉めた。

奥方の死

若者の足は速かった。奥州街道を抜けこの度は、東海道へと向かった。海岸に近い地域は、降雪が少ないはずだった。道中二人の会話は少なかったが、土佐が近くなると、源三郎は何故か雪絵の名を口にするようになった。弥平は耳を疑い聞き直した。

「今、なんと言われました？」

「雪絵は、元気だろうか」

「ああ、雪絵さんね。別れてから数ヶ月が過ぎましたから。でもきっと元気で奥方のお世話に励んでいることでしょう」

「それなら、いいが」

弥平はいやによそよそしい存在として、雪絵を語ってしまった。源三郎の口ぶりからして、雪絵と親しい間柄だと察したからだ。弥平は気を遣ったつもりだった。奥方が雪絵と弥平を夫婦にさせてやりたいと何回も口癖のように言っていたから、弥平もいつしか奥方の意に沿うようにしなければと考える日もあった。そのせいか、弥平は急に胸騒ぎを覚えた。

「雪絵さんとは、親しいのですか」

「長屋で小さい頃から遊んだ仲だから、妹みたいなものかな」

「そうだったんですか」

しかし源三郎の話は、それ以上は進まなかった。二人の間にも、まだ話題になる事は何もなかった。弥平と雪絵を夫婦にしてやりたいと言う奥方の言葉も、奥方の一方的な思いだったから、弥平にも雪絵の話題が何もない。雪絵と二人で黙々と奥方のお世話に明け暮れていたに過ぎなかった。これから先、どうなるか分からない話なのだ。ただ雪絵の前に立つ男が、もう一人増えたことは事実だった。

源三郎と弥平の間で、奥方の話は全く出てこなかった。生死をさまよい苦しんでいるお方の心配は、胸の中だけで十分だった。


土佐に入って六日目、弥平は嬉しい声をあげた。

「とうとう着きましたよ。これは六反地村の香りです」

吹いてくる風を受けて、弥平は目を閉じている。微かに梅の香りもする。木々の芽ばえを待っている土の香りもする。こう源三郎に感激した声で語りかけるが、源三郎にはその感激がなかなか伝わらなかった。だが弥平は余ほど嬉しかったのか、笑顔さえ浮かべ元気な足取りで先に立って進んだ。

　庄屋屋敷もはっきり覚えていた。門を入り庭の中で大きな声で庄屋夫婦を呼んだ。飛び出して来た夫婦は、疲れきった弥平と源三郎の顔を見たとたん、黙ったまま屋敷の中へ案内した。目には涙が光っている。

「間に合いませんでした。残念ですが」

　やはりそうであったかと無念の思いが込みあげ、源三郎も弥平も男泣きに泣いた。落ち着いた頃、出されたお茶をすすりながら、庄屋夫婦の話を聞き入った。

「病のせいでしょう。痛さに苦しまれどうお世話してよいか私共も苦しみましたが、雪絵さんの手厚い看病で、救われたのです」

「最期は安らかなお迎えだったでしょうか」

「あんなに苦しんでいたお顔は、美しい穏やかな表情に変わり、雪絵さんの手を握って満足しておられました。雪絵さんはしっかり最期を看取りました。優しく身体を拭いて差し上げ、化粧直しもされて。気丈に振る舞っておりました」

　源三郎の横で弥平も手をつき、嘉兵衛様に代わって挨拶を交わす源三郎の声を聞いていた。

「お世話になりました。旅人でありましたが、庄屋様のお宅で最期を迎えさせていただき、感謝の念に堪えません。つきましては、奥方さまご長男の嘉兵衛様よりお預かりした物をお受け取り下さい」

　源三郎は大切に懐にしまっておいた、巾着袋を差し出した。

「こんなにしていただくには及びません。私共は当然のことをしたまでで。悲しい最期にはなりましたが、奥方さまも亡き御家族の皆様にお会いする日を楽しみにしておられたでしょう」

　一度巾着袋を返そうとしたが、思い直してか、庄屋夫婦は快く受け取った。

「遠くでありながら、お心遣いいただきまして、恐縮でございます。さっそくお供えさせていただきます。奥方さまの為に、何かと使わせていただくことにしましょう」

　そこまで尽していただいて、嘉兵衛様もお喜びになることだと弥平は言い、

「無事仙台のお屋敷に帰ることができたら、しかとお伝えいたします」

　と源三郎は言葉を締め括った。

「ところで、雪絵さんの姿が見えないが、どうしてですか」

　雪絵は朝な夕なに墓に行っては、お参りをしているという。

「御案内いたします。どうぞ」

　庄屋は二人の先に立って山を登った。頂上を目指すようにどんどん登って行く。

「土佐の方では、このように高い場所を選んで墓を掘る風習があります」

　庄屋の話を聞きながら、さらに登り続ける。登りながら初めての山道に驚いたし、心配になっ

てきた。雪絵の若さで、こんな人気のない木々の間をくぐって、一人で登り下りしていたのだ。庄屋が下げている水桶の水が、時々チャプンと音を立てる。

六反地村が見渡せる山の中腹に辿り着いた。山を切り開き平坦な地に造られた墓地。村人が交代で土を掘り起したと言う。それを聞いた二人は、庄屋に深く頭を下げ、感謝の意を示した。奥方をここまで運ぶのも、交代しながらとは言え、大変な苦労だったに違いない。墓には屋根が設けられ、風雨を凌ぐように配慮されていた。その墓前で雪絵は長い間手を合わせ祈っていた。

ようやく人の気配を察したのだろう。雪絵は我に返った表情で、後ろを振り返った。弥平と源三郎が並んで立っている姿を、ぼんやり見つめていた。しばらく理解できない様子だった。が、間違いなく弥平と源三郎であると分かった時、雪絵は「ワッ」と声をあげてその場に泣き崩れた。

胸騒ぎ

元和九年、四季は変わりなくゆっくりと移りゆく。しかし雪絵の心は空しさで覆われ、晴れる日はなかった。奥方が他界してしまい、雪絵は新しい伊予の地で生きて行く意味を見出せないでいる。弥平にも雪絵は胸の内が語れない。人に話してどうにかなるものでもないことくらい分かっている。そうなると余計に北国の故郷が恋しくなり、無性に家族に会いたくなる。弥平も胸の内を源三郎に語ることなく塞ぎ込んでいる。

雪絵も奥方さまを亡くしてから塞ぎ込むことが多い。そんな時弥平の母の声でやっと自分を取り戻し、慌わてて声の方に駆けていく。用事は分かっている。弥平の母が作った二人分の弁当を、雪絵は炭焼き小屋まで運ぶことになっていた。

二人は土佐の六反地村庄屋、中山安之丞の屋敷を去った後は、伊予へ渡り弥平の家で世話になっていた。世話になってから早くも数ヶ月が過ぎようとしていた。その間ずっと、弥平と源三郎は炭焼き小屋の小さな部屋で、不自由をものともせず籠りきっている。雪絵は二人が何に夢中になっているのか分からないまま、毎日渡される弁当を持って小屋へ通っていた。

「今日は天気が悪いから、雨の用意をして行きなさい」

雪絵は渡された蓑も素直に受け取って、山へ向かった。弁当はまだ温かかった。握り飯と沢庵や魚の干物でしかなかったが、弥平の母の心遣いが伝わってくる。

夏は終わりに近づいている。ミンミンと声をそろえて大鳴きしていた蟬たちも、日を追う毎に弱々しく鳴いている。雪絵は足を止めて耳を澄ますと、息絶え絶えの、淋しげで悲しみを帯びた今際の声が、静かな山あいに染み渡っていく。木々に覆われた細い山道は、湿気を含み、時々足を掬われ滑りそうになる。その都度、手近な木を掴んで体を支えていた。そして雪絵は再び何事も無かったかのように、淡々と歩き始める。

雪絵は黙々と土を踏みしめていて、やはり浮かんでくるのは、これからの身の処し方だった。奥方さまは病に臥せながらも、しきりに弥平と夫婦にさせねばとつぶやいていた。ところが弥平も雪絵にしても、奥方をお世話することに明け暮れていた。確かに奥方を間に寝食を共にしてきたけれど、好きだとか嫌いだとか、思いを寄せる暇などなかった。

二人きりになる時も少しはあったが、お互い手を触れたこともない。奥方が勧める話について語り合ったこともない。こんな気持ちのまま日が過ぎていた時、突然源三郎が現れたではないか。故郷の人。幼馴染みで可愛がってくれた人だ。奥方が弥平と夫婦にしてやりたいと話が始まる度、心の中に割り込んでそれを邪魔したがる男がいた。朧げだった影が、何だかはっきりして顔まで見えてきた。源三郎さんだった。

弥平には申し訳ないが、雪絵の胸中では、夢から覚めてはっきりしてきたのだ。そうは言っても、弥平と源三郎は山の小屋に籠りきりだから顔を合わしてもゆっくり話す状態ではない日が続いていた。


小屋の戸は立て付けが悪く、開けるのに手間どった。ガタガタ音を立てながら、少しずつ開いて行く。何とか人一人が通れるほどの隙間ができると、体を横にして中に入る始末だ。これなら不審な者が来ても、身構えるくらいの時間はありそうだ。

「雪絵か」

「はい」

源三郎の声だ。弥平の姿はなかった。いつも二人は囲炉裏を囲んで向き合っていたのに、今日はどうしてだろう。

「弥平さんの姿が見えないけど」

「町へ行くとか」

「そう、何の用かしら」

「黙って出たから」

それ以上は聞かなかった。蚊帳の外にいる雪絵だが、ただならぬことを計画している気配は感じていた。雪絵は黙って源三郎の近くに座り、預ってきた弁当を広げた。源三郎はいつもと変わりなく黙々と食べた。雪絵は沈黙を破りたくて、言葉を捜した。あれほど源三郎とゆっくり話がしたいと思い続けたのに、言葉が何も出てこない。

「毎日同じ弁当で、他に食べたい物はないですか」

「居候の身だし、贅沢は言えん。食べる物があるだけで上等だよ」

「そう言えば、そうですね」

雪絵も何も出来ない、何も言えない立場に居る今を認めねばならなかった。この小屋では一年中囲炉裏の火を絶やすことはなかったので、茶には不自由しなかった。いつでも温かい番茶が沸いていた。

「源三郎さんは、いつまでこちらにいるのですか」

湯気が立っている茶をすすると、いつもよりずっと茶のおいしさが、口の中で広がっていく。

「嘉兵衛様の意向で、こちらの様子を窺いに来たまでだから、その用が済み次第と予定は立てているが」

「そうですか。嘉兵衛様は一度もこちらへお出でになってないですよね」

「忠兵衛様の留守をきちんと守っておられたから、今だに家を空けることはできんのだよ」

「予想しない最期になってしまったから、嘉兵衛様もその後がどうなってるか、気がかりなのでしょうね」

「そうだろうな。忠兵衛様の努力が実を結びながらも、裏切られ、それどころか悪事を働いたと濡れ衣を着せられた上、暗殺されたとあっては、残された家族はもちろん家来たちも我慢できるはずがないよ」

源三郎はそこで話をぴたりと止めた。雪絵は続きを詳しく聞きたいと思いながら、それを要求はできなかった。たやすく口にできる内容ではないことは、雪絵も十分承知していた。湯呑に残っている茶を荒々しく飲み干した。

「雪絵は、これからどうするのだ。弥平と夫婦になるのか」

源三郎からこう言われ、雪絵の胸はどきりとしたが、平静を装おうと努力した。

「どうしてそんなこと聞くのですか」

深くも考えず、さらりと答えた。

「なんとなく、そんな気がしたまでだ」

「そうなんですか」

気持ちをありのままに話す、いい機会かもしれないと雪絵は決心した。

「源三郎さんが今言ったこと、あながち的外れではないの。奥方さまは、息を引き取る直前まで、弥平さんと夫婦になるんだよと言い続けました。奥方さまには申し訳ないのですが、私たちはそんな仲ではなかったのです。今振り返ってみますとね、私たちには奥方さまの有難い気持ちを受け止める余裕はなかったのです。弥平さんも大変だったのよ。遠い北の国と南の国を行ったり来たりで」

「二人してひたすら、奥方さまのお世話に明け暮れていたんだな。ご苦労だった」

「そう、他には何も考えられなかったわ」

源三郎は淡々と雪絵に話しかけた。無事故郷へ帰ったら嘉兵衛様に、二人の献身的な働きぶりを伝えておこうと思った。

「私最近、無性に故郷の空気や草や土、そして両親が恋しくてたまらないのです。本当に帰りたい」

小屋の外では弥平が、どうしたものかと迷いながら立っていた。戸を開けようとしたとき、二人の声が聞えてきたから。

「そうか、今までよく頑張ったな。今、お前が故郷に帰りたいと思う気持ちも、よく分かる」

そう言ったきり二人の言葉が途絶えた。弥平は、すぐにでも戸を開けて雪絵を引き止めたい衝動にかられた。

「源三郎さん、故郷へ帰るときは、私も一緒に連れてって下さい。お願いします」

「弥平には、どう説明するか」

「もともと私たちの間には、何もなかったのですから。きっと分かってくれると思います。今お話したような気持ちを、弥平さんに伝えますから」

弥平は今ようやく気づいた。雪絵が語っている通り、二人の間には何もなかった。雪絵を今さら引き止めるには、あまりにも二人の間が遠すぎた。近くにいながら遠い人でしかなかったのだ。次第に侘しくなる気持ちを抱いたまま、どうしたらよいか分からなくなった。

「奥方さまから弥平さんとの話が始まる度に、源三郎さんが私の脳裏に現われて邪魔していたのですよ。源三郎さんは、私のことなどもう忘れていましたか」

「そんなはずはなかろう。そなたがいなくなった後、淋しさでやりきれなかったさ。だから嘉兵衛様から命令されると、すぐ剣の練習に励んださ。それこそ我を忘れて打ち込んだよ」

「本当ですか。そう信じていいのですか」

「当たり前だ」

再び二人の会話は途切れた。弥平は今度こそたまりかねて、その場を離れた。

山道を急ぎ足で駆け上がった。遥か向こうに宇和海が霞んで見える。弥平は腰を下ろしじっと彼方を見つめた。この胸の苦しさはどうしたのだろう。雪絵を慕っている証なのか。しかしもう遅い。もっと早く奥方さまの言葉を受け入れておくべきだった。膝に顔を埋め後悔に震えた。だが涙は出なかった。

やはり諦める以外に道はないと心は決まった。弥平はさっと立ち上がると、山を下りた。今はまだ雪絵に会いたくない。まだ家には帰ってないはずと判断して、足は両親がいる家に向かった。

「おや、弥平、珍しいじゃないか。しかも一人で」

それには応えないで、

「腹が減った。飯が食いたい」

とだけ言った。

「そこにあるから、好きなだけお食べ」

母親もそれだけ言って、何も聞かなかった。弥平はほっと寛ぎ、黙々とご飯を腹に詰め込んだ。

「それにしても、雪絵さんの遅いこと。どうしたんだろう」

たまりかねて母親は誰に話しかけるわけでもなく、こう言った。弥平はその声を無視した。

「満腹したよ。ごちそうさん。今日は町へ行ってたから、遅くなったんだ」

「そうかい、気を付けてな」

満腹しても気持ちが沈んでいて、母とは目も合わせず家を出た。それでも母親は、外に出て息子を見送った。弥平は思わず振り返った。じっと息子を見つめる母親の姿が小さく見えた。母も歳を取ってきたなと淋しく思った。

山岡公の名誉回復

その夜小屋に帰っても、源三郎の顔を真っ直ぐ見られなかった。久々に遠出して疲れたからと言い、弥平はすぐに寝てしまった。

朝になって、もう一度町で確かめたいことがあると言い残して、弥平はさっさと小屋を出た。源三郎は自分も町の様子を知りたいので、一緒に行きたいと背後から声を掛けたが、

「それは、またにしましょ」

と返事が返ってきた。呆然と立っている源三郎を残して、弥平はさっさと山を下りた。

町からの帰り、その日も弥平は家に戻った。雪絵は留守だった。母が用意してくれたご飯をかき込んでいる息子の姿から、父親の目はおおよそのことは把握していた。

「母さん、わしにも飯を持ってきてくれるか」

言われるままに母親はすぐに膳を運んだ。父親は息子と向かい合わず、横に並んで座った。

「あら、父さん、面白い座り方をするんだね」

母親も不思議に思ったのだろう。

「時には、息子と並びたいわの」

「そうなんですか。どうぞ、お好きなように」

母親は膳を置くと、さっさと立ち去った。父親は更に弥平の傍ににじり寄った。

「暑いから、もっと離れてくれませんか」

「まあ、そう言うな。お前に聞かせたいことがあっての」

父は一口二口箸を動かし、漬物も口に入れた。

「父さん、話があるのでしょう。早く言ってくれませんか」

「じゃ、ぽちぽち話すことにするか」

「もったいぶらないで」

父は更に息子に近寄った。

「実はな、藩主正秀公も反省しておられるとのこと。忠兵衛様の三回忌ということで菩提所の金剛山正眼院で、しかも藩主の親族と同等の待遇で、盛大な法要を執り行ったそうじゃ」

「えっ、そんなことがあったのですか。名誉回復ができたと言うのですね」

藩主の父君である大殿様の説得もあって、名誉回復までこぎつけたらしいが、もう一つ大事な理由があった。忠兵衛公が惨殺されてからは、良くないことばかりが藩内で起こる。飢饉に見舞われ、流行病が蔓延し多くの民たちが死んでいった。安泰になりかけていた民たちの生活が再び崩壊を始め、民自身が藩の動きに不信を抱き始めたのだ。藩とすると民たちから信頼を取り戻すには、忠兵衛公を祭り上げねばならない、百姓たちに再び忠兵衛公の存在を示し、藩主や家老たちの改めた姿勢を見せ始めたのだろう。

「何が間違っているか、俺たち百姓たちには分かっている。しかしそれをどうすることもできないのが、また俺たちなんだよ」

「その通りだ。おとなしく生きながら、正しい道をさぐり応援するしかないよな」

「で、法要はいつ執り行われたのですか」

「六月だった」

それで父さんは法要に行ったのかと尋ねた。

「遠くからでも、豪奢な法要を拝ませてもらいたかったが、山岡家の親族が誰もいない法要は、侘しくて、悔しいしな」

「行かなかったんだね」

父親はこっくりと頷いた。頷いた気持ちの中に、いつまでも山岡公をお慕いする者たちの無念さ、腹だたしさが、沢山つめこまれているはずだと、弥平も唇をかみ締めた。

「法要には、主犯格はもちろんだろうが、それに従った者たちも皆、参列していたらしい。何食わぬ顔で恭しくな」

罪の意識は全く持たず、何事もなかった顔をして神仏の前にも参列できる者たちだ。親子で愚痴を零し合う雰囲気は、いつしか暗くなり沈みがちだった。

「あら、二人で何をひそひそと話しているのかい」

明るい声で、母親が割り込んで来た。我に返った二人は思わず顔を見合わせた。急に元気を取り戻した父親は、酒を持ってきてくれるよう促した。酒を催促するなど珍しいことなので、母親は何も言わずすぐ酒を持ってきた。

「これからは、明るい話をしようか」

「へえ、そんな話があるのかね」

「あるのじゃよ。お前も苦しくて悲しい事に出会わすばかりじゃったから、ちとここに座って話を聞いてみんか」

「いいんですか」

母親は恐る恐る息子の傍に座り込んだ。父親はちびりちびり酒を嘗めながら、話の切り出し口を捜しているかに見えた。

「天の成す災いが悪を滅ぼす、という奇跡が起こったんだよ。初めはただ驚き、そのうち夢ではないかと大喜びよ」

「へえ、復讐心を喜びに変えた事件とは、なんなのか」

父親は小さな声で囁く域を脱していた。喜びに満ち、あたりを憚らない弾んだ声になっていた。

「ことわっておくが、あくまでも知り合いが話してくれた話ぞ。

三回忌の法要の日。そろそろ終りに近かったらしい。突然天変地異が起こったという。襲いかかってきそうな程の稲光と雷鳴。強風が荒れ狂い明かりは吹き消された。真っ暗闇の中、参列者は恐れおののいて、てんやわんやの大騒ぎになったそうな。当り前だよな。わしは行かなくてよかったよ。バリバリ、メリメリ木は倒れ、本堂も崩れる寸前。梁が落下して下敷きになったり、頭を砕かれた者も出たそうだ。強風にあおられた幔幕の中で同士討ちになり、八人が亡くなったという。他にも多数の死者が出たが、それが不思議なことに、皆が皆、山岡公暗殺に加担した家来ばかりじゃったと」

弥平は父親に言って良いものかどうか、迷うことが生じていた。話によると、強風、雷雨等による自然災害で、人命も巻き込まれたらしい。しかし悪が神によって退治された話になれば、同じ血が吹き出たとしても、もっときれいに聞こえるかもしれない。しかし実際はそんなきれい事ではないはずだ。

弥平は嘉兵衛様が別れ際に知らせてくださった話を信じている。大殿様がさしむけた刺客が、都合の良い時と重ねて動いた技であるということだ。参列者の目には、刺客の黒い影は幸いにも見えなかった。銀燭の火が強風と雨に消された時が、その瞬間だったと思える。

父親は「風雨に打たれながら突然和尚は微動だにせず」とそこまで言ってから立ち上がった。和尚は覚えがあろうと皆に説法を始めたという。「これは神の定めし思し召しを与えたもうたまでだ」と言う。荒れ狂う雨風の中で大音声で絶叫していたと。やはり自分が見てきたように熱が込もっていた。

父は和尚に代わって弥平にその模様を伝えたかったのに違いない。弥平は笑わない父親の姿を眺めていた。和尚は忠兵衛公を暗殺した者たちに、天の神が与えた罰と見ており、見えない刺客の動き等考えにも及ばない出来事だった。八月の夏祭りにも似たようなさわぎが起こり、桜木弦蔵の家来は、悉く亡くなったらしい。民衆は自然が起こす禍に恐れをなし、今まで以上に天の神、自然の神を大切にし、敬うようになっていった。父親もそれと変わりはない。それはそれでいいのだ。弥平は自分の口に酒を含み蓋をした。

しかし源三郎はその為にはるばる南の国へ下って来たし、今日まで策を練って、その日の為だけに息を凝らしてきたことが、泡となって消えた。徒労に終わってしまったと感じた時、急に疲れが出た。

「まだ、お前たちの仕事は残っておるぞ」

「えっ！」と声を挙げて弥平は父の横顔を見た。

「首謀者はまだ生きておるらしい」

「本当ですか。何人くらい」

「二人、三人、いやもうここまでくれば、最後に倒すべき相手は、首謀者の桜木弦蔵、ただ一人だ。ここまでこれたのも、賢い大殿様の力だと思ってる。神だけが天罰を下したとは信じてない。大殿様が刺客を指し向けて下さったことぐらい分かるさ。それに源三郎がここにいる訳とつながるであろう。嘉兵衛様なりに苦しんだ揚げ句の策だ」

弥平は父が全てを見通していることに驚いた。

「恐れ入りました」

「わしの大事な娘も巻き込んだ事件だ。黙って泣き寝入りで終るわけにはいかん。年を取るといいところができる。年寄りの役割りを授けてくれるでの」

傍で母親も小さな声で、良かった、これで胸の苦しみも悲しみも亡くなられた方に報告ができるからと両の手を合わせた。そうだった。まだきちんとした墓はできてないが、姫さまと里の墓に知らせる希望が湧いてきたのだ。外はほとんど見えにくいほど暗くなっていたが、月明かりの微かな光を頼りに墓参りに出かけた。言葉はなかったが、やはり三人の足どりはいつもになく弾んでいるように見えた。

「夕飯を食べて行け」

父親の一言で、弥平も再び家に帰った。

「これから最後の切り札となる策を練り直します」

「ま、大事な使命とはいえ、無鉄砲な真似だけはせんとって欲しい」

「弥平！　命は一度亡くなれば決して戻らないものだから、大切にしてな」

「分かっております」

父親は、もう一本酒が欲しいと催促した。

「一杯飲んで行け」

父親は自分が飲んでいた杯を弥平に渡し、新しい酒を注いだ。

「あと一言、言いたい」

「まだ何か」

弥平はたいそう疲れてはいたが、話を聞く気になっていた。

「あのな、女のことでくよくよ悩むな。土地の者にも器量良しで優しい娘はおるぞ。そのうち父さんが見付けてやるから」

横から母親も同じことを言っている。

「二人して、そんなことまでお見通しだったのですか。参ったな」

「大事な息子じゃ。何でも知っておきたい」

弥平はこの言葉を聞き苦笑を浮かべ、また恥じらいを繕いかねていた。親としてこの場で雪絵との関係がはっきりした今、同情的にもなるが若さを考えたら、まだ慌てることはないと言いたい気分だった。

「じゃ、すべて分かったから、行くよ。ごちそうさんでした」

少し酒が回り調子に乗って礼を言った。母も今までとは違い明るくなったらしい息子の心持ちを受け、

「どういたしまして」

と冗談を返した。弥平はこれで親子共々わだかまりが取れたので、雪絵とも割り切って付き合えると思った。実のところ雪絵に対しては、突然現れたのでどのように接すればよいか、父親も母親も困っていたのだ。

別れは小春日和だった

弥平の足は弾んでいた。ひらひら舞い落ちてくる木の葉の一枚も気にならなかった。山の上から下りてくる雪絵がいた。上から眺める雪絵は弥平にすぐ気が付いたが、足元を見て無心で登る弥平は、雪絵になかなか気が付かなかった。

擦れ違う時、雪絵は立ち止まって声を掛けた。

「弥平さん」

「ああ、驚いた。雪絵さんか。今お帰りか」

「お帰りかなんて、弥平さんらしくないわ」

「そうか、気を付けてな。じゃ」

今まで見たこともないはつらつとした弥平の姿だ。何時も以上によそよそしい弥平の言葉に、雪絵は一抹の寂しさを覚えた。そのまま下を向いて通り過ぎようとする弥平に、追いすがるように声を掛けた。

「いつかゆっくり、お話したいんだけど」

「何を話すんだ。これから忙しくなるから」

「二人でゆっくり話したことなんか、一度もなかったでしょう。今迷ってるの。これからどうしたらいいのか」

「迷うことなんかあるものか。自分の思う道を行けばいい」

「何だか、そっけないわ。奥方さまの言葉に逆らえば、裏切りになりはしないかと思います。自分を咎める思いが消えないのよ」

「分かってくれるさ。この先どんな道を選ぼうと、奥方さまは喜んでくれるのじゃないかな」

こうもはっきり言葉を返す弥平を、雪絵は今まで知らなかった。どうしたのだろうと気になりながら、遠ざかっていく弥平の背中を見つめていた。弥平は父に諭された言葉を支えに、割り切ったつもりで雪絵の傍を通り過ぎたけれど、やはり淋しさやら侘びしさやらで胸の奥深くが妙にうずく。

しかしここで迷っては、今以上に別れが辛くなる。そう強く自分に言い聞かせながら山道を登った。

小屋の前に立った。気を落ち着かせてから、一気に戸を開けた。

「やあ、帰ったか。遅かったじゃないか」

「ああ」

と一言応えただけで、弥平は囲炉裏の傍に胡座をかいた。

「茶でも飲まんか」

なんとなく源三郎も気を遣っているようだ。湯呑みに茶を注ぎ弥平に手渡した。

「ありがとう」

やはり弥平は忘れなかった。居候の場所が逆転しても、源三郎は先輩であり剣の師匠であることをだ。弥平は姿勢を正して茶を受けた。一杯どころか三杯も立て続けに茶を飲み干した。

「うまい」

源三郎の顔が、その一声で嬉しそうに笑みを浮かべた。外では風が吹く度に木々がざわめき、小屋もガタガタ音を立てる。

「ところで源三郎さん、事態は意外な方向に展開しておりますよ」

源三郎は「えっ」と小声で反応し、弥平の顔をしっかり見つめた。

「実は、父が語ってくれました」

「親父さんは、私が嘉兵衛様の命で来ている訳も知っているのか」

「意外な父の面を知って、息子ながら驚いているところです。全てを承知していたのです。源三郎さんが南の国のこんな山小屋で何日も籠るには、深い訳があることぐらい察しが付いていていたのですよ」

そうだったのかと、源三郎は深く息を吐いた。

「これから忠兵衛様暗殺事件の犯人たちをお裁き下さった『神の話』をします。父から聞いたことですが。父もまた他人から伝えられたらしい」

弥平は夜遅くまで、父から聞いた話を全て源三郎に伝えた。

「誰かが、うまく民たちに信じこませた話だな、弥平が思っている通り。出発前に嘉兵衛様から聞いた刺客の話。間違いない。天候に合わせる。雷鳴、風雨の暴様、それに重ねて予想もしなかった自然災害が、刺客の技を助けたことになった。だから和尚も民たちも、刺客の動き等全く知らず、神の力をひたすら崇めることになったということだ」

「すべて十分考えられることです。けれど、本当は我々の手で、恨みを晴らしてさしあげたかったですよ」

「それはそうだが、現実にはほとんど終わった」

源三郎は大の字になり、「ははは」と笑った。「可笑しいですか。やはり可笑しいですよね」

その笑いの中には、複雑な思いもあることを、互いに認めていた。今までこのような山の炭焼き小屋に潜んで、いつ、どのように、どこでと少しばかりの情報を頼りに、来る日も来る日も策を練ってきたではないか。それが一挙に意外な事実を知ることで、二人の計画が展開することなく幕が下りた。気が抜けて、緊張感がほぐれて笑いが込み上げてきたに過ぎない。しかし弥平は笑えなかった。

源三郎も真面目な顔に戻り、姿勢を正して座り直した。

「まだ、何かあるのか」

「あります。これは最後の大仕事だし、自分たちの手で終わりにしたいところです」

二人は、雪絵のことを一言も口にしなかった。仲良く茶を注ぎ、ゆっくり飲み交わしながら気持ちを静めた。

「分かった。最後の仕上げは我々の手で」

その為に鍛えた腕だからと、弥平も気合いを入れた。

「それにはまず、計画の練り直しだな」

「まず、確かな情報を摑まないといけません」

話にも力が入り、二人はいつになく活気づいていた。

田畑の収穫が終わると、秋の祭りはすぐにやってくる。百姓たちには収穫に感謝する時でもあり、また冬支度もせねばならず、何かと忙しい。祭りの日には、表通りに小さいながらも露店が並ぶので、老若男女、身分に関係なく皆が楽しめる日となる。

弥平の父は、とある噂を聞いてきた。祭りの夜例年のことだが、今年もご家老たちがお忍びで馴染みの店に集い、酒宴を開くらしいということだ。祭まであと八日と迫っている。またとない機会。若い二人に一刻も早く知らせてやらねばならない。父親は脇目も振らず、一気に山を駆け上がった。


その夜源三郎と弥平は、父親が教えてくれた情報をもとに話し合った。

「それにして小料理屋とはな。ご家老たちが通い慣れてる店には見えないのだろう。外観は」

「確かにそんな所でしょう。これで日時も自ずと決まった。場所も分かった。父のおかげだ。助かりましたね」

「感謝してます。やはり地元に詳しい人じゃないといけないな」

「ところで、この小料理屋の場所を確かめておかないと」

「さっそく、明日行ってみましょう」

「それがいい」

話が終わると、どちらが言い出したわけでもないが、二人は刀を取り出し磨き始めた。弥平は長持ちを開けたとたん、嘉兵衛様から戴いた脇差が見当たらないことを知り、胸がズキンと痛くなった。源三郎には告げなかったが、弥平には思い当たることがあった。父には若い者を血で染めたくない思いはあろうが、弥平からすると、どうか危ない真似はしないで欲しいと祈るのみだった。

小川が流れていた、小川に寄り添うように、うどん屋、油屋、飯屋といった小さな店が軒を連ねていた。小川に沿って少し歩くと、大きな柳の木の下に辿り着いた。

「この柳だ」

「間違いない」

父が教えてくれた小料理屋の目印だった。場所は道から奥まった所で、近くに山があり、小料理屋の裏に竹藪が見えている。お忍びには都合のよい店に違いない。

「きっとここまでは、籠で来るに違いない」

「そして思う存分、酒を飲み、騒ぐ」

「だが待てよ。表通りでなすことは目立ち過ぎる」

二人は来た道を引き返し、裏道はないか探した。細い路地に入り、高く生い茂っている竹藪に続く道を探した。小川は遠くなり静か過ぎるほど雑音が消えた。更に先に目を遣ると、小料理屋の裏にある冠木門を見つけた。

「やっぱりあったぞ」

殊に源三郎は小躍りして喜んだ。ここならば草藪に覆われているから、人目につかないだろう。全く人気もない。

「きっとここから、出入りするに違いない」

「間違いありませんね」

「そう予想がつくだろう」

ここで座り込んでいたら怪しまれ、やっかいなことになったらまずい。二人は静かにその場を離れた。歩きながら小声で、囁き合った。

「到着して籠を降りた時か」

「いや、早過ぎないか。警護も緊張している時じゃないかな」

「じゃ酔いが回り油断している頃。裏門を出た時」

二人になかなかこれが良いという案は出せなかったが、計画が固まりつつあるという確かな手ごたえは感じていた。弥平は急に明るい声で、源三郎に話かけた。

「またとない機会ですよ。これから美味しい物を食べて行きましょうよ」

弟が兄にねだるような声で、源三郎に勧めた。源三郎は空いている腹をさすりながら、ためらっていたが、

「嘉兵衛様からいただいた金子も、まだ残っているし。じゃ、思い切って美味しい物を食べる

とするか。今食っとかんと、食い損ねになるやもしれんでな」

「そうですよ。思い残しのない様、腹一杯食べましょう」

二人は、大きくうどんと書いてある店の障子戸を開けた。


祭りの当日、弥平の母は、弥平の嫁にはならないことがはっきりしているにも関わらず、雪絵を自分の娘のようにせっせと世話を焼いていた。髪を何回も梳き、見事に結い上げてやった。その間雪絵は何も言わず、為すがままにされていた。今まで奥方に仕えるばかりで、自分が構ってもらうのは久しぶりだった。髪が終わったら着物まで着せてもらえるなんて、夢のような出来事に思えた。嬉し涙がひとりでに頰を伝って流れてしまう。

「ほれ、よく似合ってる。おばさんも嬉しくて」

弥平の母は化粧の前に、黙って雪絵の涙を拭いてやった。この涙の中には、喜びをいっぱい含んでいると、弥平の母は雪絵の胸の中を察していた。

「嫁ではないのが残念だけど、ほら、出来上がりだよ」

一言だけつい本音を漏らして、雪絵の帯をポンと叩いてしまった。

「申し訳ありません。こんなにしていただいて、ありがとうございます」

雪絵は深々と頭を下げた。

「今度は、私が身繕いしなきゃ」

小走りで奥へ行く後姿を見ていると、雪絵も楽しくなった。おばさんも本当に嬉しそうだ。お互いに束の間の喜びかもしれない。惨殺された自分の娘にはしてやれなかったことを、弥平の母は今雪絵にしてやれている。祭りにも一緒に出かけられる娘が傍にいてくれる、それだけで、この上ない幸せを感じていたのだ。

父親が外から帰って来た。祭りでも普段と変わらない姿ではあるが、妙に落ち着かずそわそわしている。雪絵がすっかり美しい娘になってゆったり構えている姿を見て、

「色が白いから着物が、ようにおうておる」

褒めっぱなしだ。

「おばさんのおかげです。私は暖かい日ざしの中、夢気分なんです」

「そうだろうよ。今まで大変だったからな。ところで早く若い男たちに見せてやりたいが、遅いのう」

「えっ、弥平さんも源三郎さんも一緒に行くんですか」

「そうよ、祭りの日ぐらい楽しまんと」

父親は少し上ずった声で雪絵と談笑しながらも、全身から緊張感を漂わせていた。雪絵はどうしてだろうと気になったが、おばさんが現れたのでいつの間にかそのことは忘れてしまった。

「お、今日は、ぐんと若返ったな」

「あらいやですよ。傍の若くて美しい娘と比べているんだから」

「おじさんは、真面目に言っているんですよ。嬉しいんじゃないかしら」

すっかり遠のいていた笑い。しかも弾けるような笑いがわっと起きた。

「それにしてもあの若僧たち、まだ来ない。待たせるよ」

三人は親子みたいに並んで歩き始めた。と、ようやく待たせたことを詫びながら、待ち人は三人に合流した。源三郎も弥平も、着物に化粧までした雪絵を、ちらりちらり見遣りながら珍しがった。

「誰かと思った」

「見違えたよ」

「二人を驚かしたんだから、私もまんざらではないってことね。嬉しいな。これもすべておばさんのおかげですよ」

五人は雪絵を間にして、賑わっている夜店が並んでいる方へ歩いた。

ところが、初めは雪絵や母に付き合って店の間をゆっくり練り歩いていた弥平と源三郎が、いつの間にか声もかけずに見えなくなっていた。

「黙ってどこへ行きやがったのか。ちょこっと二人を探してくるわ」

父親は女房が止めるのも振り切って、人込みをかき分け、夕暮れ迫る町中に消えて行った。

「男ってしょうがないね。ま、いいか。女だけで好きな物がゆっくり買えるからね。ね、雪絵さん、行きましょうか」

「そうですよね。本当に、女だけで楽しみましょう」

雪絵も弥平の母親に合わせて、さらりと気持ちを切り替えていた。


源三郎と弥平は少し窪んだ穴に身を隠し、裏門を睨んでいた。桜木弦蔵の顔を確かめねばならない。きっと籠で来るはずだ。籠から下り立った者が、本人であるはずだ。

だが日がとっぷり暮れても、なかなか現れない。次第に肌寒さに見舞われ出した。

二人の苛立つ我慢も限界にきた頃だった。小さな提灯の明りに誘われて籠が現れた。籠の傍にいる家来は四人とみた。籠前に二人、後ろに二人。門の前で籠から下りた者は頭巾をかぶっていたから、顔が見えない。

「くそっ」

源三郎も弥平も、同時に拳を握り締めて、悔しがった。

「だが大丈夫。顔は見えなくても、着ている物や体形はつかめましたよ。それに頭巾がなによりの証拠」

「いや頭巾は当てにならん。身代わりかもしれんし。そうならないで欲しいし、それを願っているが」

「歩き方も見ておきましょう」

「すぐには帰らんだろうから、腹ごしらえでもしてくるか」

店の中に入る後姿を見届けてから、二人は這うようにして竹林を抜け、祭で賑わっている方に向かった。途中雪絵たちに会えば一緒にうどんでも食べられるかと、それとなしに探してみた。しかし会わなかった。

仕方なく二人で初めての飯屋に入った。祭りのせいか、狭い店内はいっぱいで、こんな場に不慣れな二人は、どうしたものかと戸惑っていた。

すると忙しそうに通り掛かった女中から、奥の隅なら二人くらいは座れると声が掛かった。喜んだ二人は案内されるままに、奥に進んだ。

膳の順番はなかなか回って来ず、見知らぬ人込みの中で落ち着かなかった。滅多なことも話せず、茶ばかりすすりながら、膳が運ばれてくるのを待っていた。

ようやく膳が運ばれると、二人は物も言わずに箸を動かした。

あっさり食べ終え、腹が据わったところで、やおら立ち上がり銭を払うと、そそくさと店を出た。

「遅うなったかもしれん」

「急ごう」

夜店の屋根に沿って飾られていた提灯の火が、一つまた一つと消えていく。祭りも終りかけている。二人は焦り始めた。

忍び足で竹林に入り、また窪みに座り込んで様子を窺った。小料理屋の中から、三味線の音や笑い声が賑やかに聞こえてくる。まだお楽しみは続いていた。二人は安堵した。大きな息を吐くと同時に、更にどっかと腰を落ち着けた。

気持ちに余裕ができると、夜空の月が見え出した。二十日余りの月だろうか。草叢を見渡せば、人影ならばなんとなく見えるくらいの明るさだ。これは少々まずいなと、語らずとも二人の心配は同じだった。

息を殺したまま、小半刻は待っただろうか。裏門に提灯が灯り、急に賑やかになった。三味線の音は止まっている。芸妓たちだろうか。笑ったり囃したてたり、もてなしながら門から出て来た。見張っている割りには気が付かず、門先にいつの間にやら、籠が用意されていた。男たちも数人出てきた。中に頭巾をかぶった者が一人いる。その者は籠には乗らず、つつっと裏門の東側にある竹藪に行こうとしている。

「ご家老、どちらへ」

「用足しぞ、ついて来んでええ」

頭巾の男は見えなくなった。家来たちは立ったまま待っている。やはり家来は四人いる。警戒は弛めてないが、頭巾の男が主犯格だとしたら、二人は良い機会を得たりと、今にも飛び出したい気持ちを、今一度踏み止まざるを得なかった。下手に動けば、家来たちに見つかってしまう。回り道する場所が分からない。またとない機会を逃してしまうのが、たまらなく残念でならない。

「遅いな」

「遅すぎる。ちょっと見て来ます」

一人の家来が、走って行った。それからすぐだった。慌てて家来が戻って来た。小さな声だったのでよくは聞こえなかったが、頭巾の男に異変が起こったことは間違いなかった。籠を誘導して家来たちは、竹藪の方へ向かう。源三郎と弥平は可能な限り、後ろから這うようにして彼らに迫った。家来たちは倒れている頭巾の男を籠に乗せている。斬られたのか。発作でも起こったのか。とにかく事切れたのに違いない。

頭巾の男を乗せた籠が闇に消えてから、妙に静けさに包まれた。二人は思わず顔を見合わせた。呆気なく目的が達成された事に驚き、まるで狐につままれたような不思議な気分で両手を広げて見た。刀も持つ必要がなかったし、血で汚れることもなかった。唯々力が抜けて呆然とするばかりだ。

月明かりを頼りに、遅い夜道を炭焼き小屋に戻った。弥平は腰を下ろす間ももどかしく、だが源三郎には気付かれないように、葛籠の蓋を開けた。案の定、脇差は元の位置に収まっていた。確かに父が動いている。どんな形で桜木弦蔵があっさり倒れたのか、それを知りたい。そう思うといても立ってもおれなくなった。源三郎を促して山をころがるように下りて行った。

家では父が何事もなかったと平静をよそおい、寝る準備をしていた。突然二人が現れたので驚き、飛び起きて囲炉裏の前に座り直した。しかし、落ち着かない。

「そうだ、一杯飲むとするか」

幸いと言っていいのか、母親も雪絵もいなかった。父親は自分で酒と湯呑みを持ってきた。弥平は父に何もなかったと分かり安心はしたが、どう話を切り出せば良いのか分からなかった。

「ま、祝いの酒だ」

「は、いただきます。夜分にすみません」

「なんのなんの。呑気な毎日じゃけん、遠慮はいらん」

「父さん、ご苦労さんでした」

それには返事せず、湯呑みを合わせた三人は黙って飲んだ。

「わしではない。三人の刺客が突然現われ、わしの目の前で、頭巾の男を倒した」

一番聞いてみたいことを、父親はズバッと話した。

「そうでしたか。大殿様は、最後までやってくれましたか」

源三郎は、はらはらと涙をこぼした。何もできなかった自分が情けないと呟きもしたが、肩の重い荷は下りたのだ。父親は両手を眺めて、

「うん、震えてないぞ。あれは幻想だったか」

「父さん、どうした」

「いやな」

と思い出しながら、父は朝からの事情を話し始めた。山小屋の葛籠から刀を取り出す時は、ビリビリと手がしびれて、そして手が痛くなり、刀を握って頭巾の男を待ち構えている時は、手も足も体もぶるぶる震えて止まらなかったと言う。

「そうだよね。父さんも、その息子も、刀を振って戦ったことないんだよ。相手を斬って自分も斬られて、赤い血がふき出して……。考えるだけで恐ろしい。幻想でよかったよ」

「おじさんは、弥平とわたし源三郎を失いたくないから、先になって動いたのですよね。ありがとうございます」

故郷へ帰ったら、このことも嘉兵衛様にお知らせしないといけない一つになった、と呟き、源三郎は頭を下げた。ところでと、急に顔を上げた。

「今夜で事はすべて終わりました。何回考えても、自分は何もしてないのに、あまりにも呆気なく目的が達成され、面目ない限りですが、これもすべて大殿様の御陰と思い嬉しいことこの上ないのです。皆様にはお世話になりました。二、三日うちに発とうと考えております。

源三郎がいずれは去ることは分かっていたが、急な話に二人は驚いた。もう少しゆっくり楽しんでからでもよいのではと勧めたが、国では嘉兵衛様が待っているはずだから、できるだけ早く発たねばと、源三郎の決心は固かった。

「で、一方的なことで申し訳ないですが、雪絵も故郷へ帰りたいと言うもので、連れていこうと思っておりますが」

これもすべて分かっていたことだが、いざ現実になると弥平は、喉に何かが詰まった感じで声が出なかった。父親は素早く弥平に取って代わり、源三郎を労った。

「故郷はええもんじゃ。雪絵さんも初めてで何も分からん南の国でよう頑張った。なんぼか、はよ故郷へ帰りたかろう」

「帰りの道は源三郎さんが一緒だから、雪絵さんも安心ですよ」

弥平はたまらなく淋しさを覚えたが、じっと耐えるしかない。

出立の朝はすぐやってきた。

「嘉兵衛様への土産話に、忠兵衛様がいらっしゃった城下をゆっくり散策しておきたかったのですが、それもせず、このままお別れとなります」

「何かとお世話になりながら何もお返しができず、お許しください」

深々と頭を下げた雪絵は、なかなか頭を上げようとしなかった。やはり弥平の顔を見るのは、つらかったのだろう。

「行ったり来たりで、息子も源三郎さんのところでは随分と世話になっていることだし、お互い様ですよ」

「まだ若い二人だから、落着いたらまたゆっくりお出でなさい」

「お二人はお似合いですよ。雪絵さんは、優しい良い女房になれますよ」

ちらりと息子弥平の顔を窺いながら、さらりと言ってしまったが、母親は見送りの淋しさやら息子の気持ちなどを察して、目頭を押さえずにはおれなかった。

「じゃ、土佐の六反地村の庄屋、中山様のところまで一緒に行ってきます。奥方様の墓前に報告して、その後、日振島へ行き、榊様にもお話してきます」

「榊様もなんぼか心配しておられることだろう。知らせを聞いたら、そりゃ大喜びしてくれるはず。よろしく伝えてくれ」

「はい」

弥平はすっかり息子にかえり、素直に頷いた。

三人は後ろを振り返らなかったが、父と母は佇んでじっと見送っていた。その朝は、爽やかな表情で、遠ざかる後姿を見つめていた。しかし雪絵は、曲がり角で思わず振り返った。二人の優しさに、もう一度別れをしたかったのかもしれない。何度も何度も手を振っていた。


土佐の六反地村、庄屋中山安之丞の屋敷の前に立った時、弥平と雪絵は、苦しむ奥方を親切に迎え手厚く介抱して下さった日々が、懐かしく鮮明に思い出された。源三郎は門の前に佇む二人の胸中を理解しかねて、二、三歩後退りしてしまった。慌てて門の中に入った下男に案内されて、庄屋夫妻が驚いて現れた。束の間だったが、懐かしい再会に手を取り合って喜び合った。

「そうですか。北の国故郷へお帰りですか。皆様で」

「いえ、私は伊予の人間ですから、お二人を見送り方々、奥方さまのお墓参りに立ち寄らせていただきました」

弥平は気を利かせて、あっさり庄屋夫婦に報告した。奥方は庄屋夫婦の前でも、しきりに弥平と雪絵を夫婦にしてやりたいと話していたので、奥方の言葉とは違う結末であることを、それとはなしに知らせたつもりだった。細かな説明をしなくても、庄屋夫婦には意味が分かるだろうとの気持ちだった。弥平の意を察してか、庄屋夫婦はそれ以上何も言わなかった。間が途切れないように、弥平は両親に用意してもらった伊予のみかんを差し出した。世話になりながら何もお礼ができない事を詫びながら、竹籠に入ったみかんを受け取ってもらった。

「これは重たい。ここまでさぞかし大変だったでしょう」

「とんでもない。庄屋様や奥さまのご親切と比べると軽いものです」

弥平の目は庭の隅に立っている一本の木に釘付けにされていた。それに気付いたのは。安之丞の女房だった。

「驚いたでしょう。ミモザの木よ。奥方さまが苦しんでいた頃は、嵐の強風に煽られて倒れていたのに、いつの間にかあんなにしっかり立ち上がり、春には黄色い花をいっぱい咲かせてね。不思議よ。強い木」

「庄屋様、奥さま、このミモザが山岡公に見えてなりません。名誉回復され再び力強く民たちの前に立ち上がって下さったと思えてなりません。もうお姿は見えませんが、凛としているミモザを心の支えに、新しい道を探して生きていく勇気が湧いてきました」

雪絵も源三郎もミモザを囲み。太陽と雨をもらって、己の力でまっすぐに起き上がったのかと感嘆し顔も輝いた。

「悲しい苦しい時は終わったのですね。さすが大殿様はきちんと最後まで見守っていて下さったと。私たちもすっかり事件を知った者として、自分のことのように嬉しく思いますよ」

庄屋夫婦は代わる代わる手を取り合って、若者たちを労った。

「何の御縁もなかった庄屋様に墓守りまでしていただき、恐縮でございます」

「いや、何の御心配にも及びません。村人もなんとなく事情を察して、せっせと墓の掃除をしたり水を山まで運んだり、毎日世話をしてくれよります」

「そうですか。嘉兵衛様に代わりまして、改めてお礼申し上げます。奥方さまも悲しみの中で亡くなられましたが、こんなに良くしていただき、さぞかし喜んでいることでしょう。本当は故郷へお連れしたいのですが、忠兵衛様や子どもたちと離れてしまいますから今はどうにもなりません。今しばらくよろしくお願いいたします」

「承知しました。安心して下さい」

三人は深く頭を下げ、墓地に向かった。

源三郎は時々雪絵を庇い支えてやっている。弥平は先に立って歩いたが、二人の様子が分からない訳ではない。やるせない気にもなるが、どうにもならないことだった。奥方さまには詫びねばならないと思っていた。また奥方さまには二つの報告せねばならないことがある。一つは、あれほど心配してくれていたのに、意にそぐわない結果になってしまった。しかし、故郷に帰り、想う人と幸せになるであろう雪絵は、きっと喜んでくれるはず。もう一つ、ご家老忠兵衛様の身が潔白であることを、大殿様は認められ、陰謀を企んだ者は、刺客と神によって裁かれたことだ。こんな報告ができる幸せをかみしめていた。

墓は話の通り、手入れが行き届いてすっきりしていた。三人は並んで手を合わせた。源三郎は奥方を一人、この地に置いて帰る申し訳なさで、胸が締め付けられそうだった。

雪絵も奥方にあやまっているはずだ。奥方は遠い他国に娘を残して逝かねばならない行く末を案じていたのだろう。息を引き取る寸前まで気にしていた。その事を知っている雪絵は、奥方に申し訳ないと十分思っている。しかし、源三郎の存在を消すことはできなかった。その気持ちを、しっかり伝えた。

「本当に、故郷が余りにも遠すぎます。奥方さまの足で、ようここまで行って帰ってこられたものです。奥方さま、寂しがらないで下さい。折をみてここへ参りますから。ではしばらくの間、お別れです。さようなら」

「大丈夫ですよ。私が時々参って、皆さんの分もお参りしておきますよ」

「弥平、頼んだぞ」

「ごめんなさい。弥平さん。お願いします」

弥平はちらりと二人を見て、頭を下げた。

「じゃ、私はここで。これから日振島へ行って、すべてを榊様に報告せねばなりません。道中お気をつけて」

雪絵は自然と流れてしまう涙を、止めることができなかった。弥平は雪絵の泣き顔を見るに忍びなく、二人に一礼すると後は振り返らなかった。雪絵と別れる今は、ただ切なさだけを胸に抱いて山を下りようとしていた。しかし弥平は勇気と生きる力を与えてくれた、ミモザの姿形を思い描いていた。

しばらくしてから、下の方から笛の音が聞こえてきた。源三郎も雪絵も立ち止まり、じっと耳を傾けた。

「あれは、弥平だね」

源三郎の言葉に、また雪絵の目に涙があふれた。

美しく澄みきった音色が、途切れることなく山間にこだましていく。

凪もなくおだやかな秋の日だった。

おわりに

この事件に興味を持つようになったのは何故か、今も思い出せません。

事件の扉を開き少しずつ探って行くうち、次第に何かが見えてきました。山家清兵衛公頼公が神になられ、和霊神社に祀られていました。幼い頃に家族で一度だけ行った記憶はあるものの、側で話を聞くだけで親しみを持って、和霊さんと呼んでいた社には、深い深い訳がお祀されていることを知りました。

その深い訳とは。又土佐窪川に奥方が葬られていた訳は。この疑問に引っぱられて、後戻りはできなくなったのです。

時は、江戸時代初期。あくどい御上に目をつけられたら無条件で罪を被り、とことん引きずり下ろされ、とどのつまり闇に葬られることぐらい罷り通る世の中。こんな時代を経たとしても神格化されるには、相当の理由があらねばなりません。といっても、地理的にも又歴史上英雄伝でもない小さな田舎の事件だと、さりげなく気軽に取り組もうとしていました。

ところが、少しずつ知識が増え全体像が見え始めると、軽々しく語れる話ではないことを知りました。もうすでに〝宇和島の伊達騒動〟と広く語り伝えられているほど、大きな事件であると初めてわかったのです。これはえらい問題に首をつっ込み始めたものだと、一時は足止めをくらいましたが、投げ出せませんでした。

さらに驚きを大きくしたのは、仙台藩主伊達政宗の存在でした。秀吉や家康の天下人が一番恐れていたと言う奥州の王様です。

ですが偉大な権力者でも、子どもを心配する親心は、全く庶民と同じです。幕府の命で嫡男秀宗が、僻地（そう書かれている）宇和島に封じられる時、父政宗はよい藩主に導いてほしいとの願いで、一番信頼していた山家清兵衛を補佐役に選び、地位も家老そして執政総奉行として秀宗の側に置いたのです。清兵衛の悲劇は、この時から始まっていたのかもしれません。几帳面で実直であり、優しく温和な性格が、秀宗には負担になり目障りとなっていたとも語られています。その上筆頭家老でありながら、あまりにも力及ばずです。お粗末な知恵の使い方が清兵衛を陥れ、暗殺で終結したと満悦したことでしょう。

暗くて深い訳ありの事件に、自分の知識でどう向き合えばよいか怖くなりました。でも止めなかったのは、実は胸をドキドキさせながら、好奇心の固まりがうずうずしていたのかもしれません。

資料を集める旅は、夫が運転する横に座って楽しんでいました。

奥方が倒れたのは、土佐藩窪川六反地村でした。現在郷土史家であられる林一将氏に案内していただき、奥方が祀られていた現地へ向かいました。

林氏自身が編纂した「六反地の和霊さま」があります。掲載されている写真は、鳥居や祠です。現在あるのは、江戸時代からずっと戸田家が先に立ち、村人と共に守り続けて来たからです。

尚小さい祠には、分霊された霊だけが祀られていると話して下さいました。今奥方は、夫や子どもたちと、平凡ながら本当の幸せを楽しんでいると想像してかまいませんか。

六反地村の鳥居と祠は、長い時の流れを物語るに相応しく色褪せ、人の気配もなく閑散としていました。ですが雑草は取り除かれ、さっぱりと清掃されていました。今も地元の人たちが大切に守り続けている雰囲気が漂っていました。

大正時代に門田栄男氏が著わした「山家清兵衛公頼公」が、宇和島図書館にありました。文語調で少々読みづらいものでしたが、じわじわと元和時代に連れて行ってくれました。しとしとと雨が降る夜、清兵衛の屋敷に近寄る暗殺者たちの足音。暗殺場面等、胸に迫ってくる生々しさが伝わってきました。

夏の夕べ、政宗が書見に耽っていた書院の間に、清兵衛の姿が現れました。ほんの少し抜粋してみますと、

『おう清兵衛か、先頃邪《よこしま》なる家中の者共に討たれつると聞きましたが、扨《さて》は未だ生存らへてあったか、よい、近う寄れ、六年見ぬ間にいかう老いて見ゆる、顔を挙げい、許す』公頼は静かに顔を挙げた。顔にかかる髪の毛一筋二筋、眼は窪み頰は削けて凄愴な面であった。『恐れながら清兵衛、既に冥府の者なれば、不浄の身御側へ寄る事叶ひ申さず。去んぬる六月廿九日の夜、清水一味の手に敢無き最後を遂げ申せしなれど、かの事一圖に我等政策に快からざる者共の所為、秀宗公露御存じ無之き事に候へば、御改易の儀平に御取止め願奉る』

それから夕べの闇の中で、清兵衛は胸の中を伝えました。数々の大役を仰せつけられながら、その責務が果たせなかった無念を政宗に語るのです。夕闇迫る中で、文語調で心を通わす二人の世界は、まさしく元和六年でした。時代の空気がゆっくりと淋しく漂います。

和霊神社、社務所発行の「和霊宮由来」は、総てをとりまとめた小冊子です。頁五六～五九に、山家公三回忌の法要の場面があります。天変地異の異変が起こりました。木は倒れ、本堂は崩壊に至り、梁が落ちて脳天は砕れた。風にあおられた幔幕にまつわりつかれ、あわてふためいた者たちは、同士討ちとなり、八人が亡くなったが、八人とも桜田に加担した主なる家来だったとか。他にも命を落とした者がいるが、すべて謀反に力を貸した家来として始末されています。

その後、桜田や清水の首謀者たちも、大暴風雨で無惨な死を遂げたとあります。

弱き善者だけが泣き寝入りするのではなく、いつかは強き悪者も滅びる時があるのです。天変地異の異変が、手をよごさないで人を選んで戒める時代があるとしたら、現代の天変地異の異変は無差別だから、こわいことです。余分なことを言ってしまいました。

ここの場面は、弥平の父親が他人の話を聞き、まるで見て来たことのように語るという形で参考にさせていただきました。

いよいよ青葉城（門田氏はこう書いています）へ出発です。七年前のことです。夫は運転は好きだから長距離でも苦にならないと、快く引き受けてくれました。いつもながら不安を感じない運転ぶりです。途中神奈川で一泊し、翌日は幾つかの高速道を通過して、仙台まで直走りに走り続けました。その間いつもながら、ほとんど無言でした。心の管のどこかが詰まったような夫婦柄でしたから、殊さら不思議にも思いませんでした。

私は好い気なもんで、小さな広瀬川に架かる橋に立って、元和時代は如何にと夢現になりかけていました。こんな時を経て閃いたことは、基本線は崩さずすべてフィクションにすれば、自分の力でも可能になるのではないか、でした。

女が名を列ねることを認めてもらえない時代です。身分の高い女性でも、余程のことでない限り歴史上には残されていないようです。

現代の目で見ても、歯痒いばかりです。誰かの援護がなくして生きる術がない、女は無力な時代でした。現代も男社会ですが、もう少し自分の足で働き、口で主張しながら生きて行ける社会になりつつあります。

一つの枠から抜け出て、か弱い後室と奥方、そして二人を支えて行く人たちにライトを当ててみようと決心がつくと、気持ちが楽になり、思いのままに書く楽しさが味わえるようになっていました。

ところがやはり世の中って、うまくは行かないものです。長距離運転を楽しんでいたはずの夫に、異変が起こったのです。生活習慣病数十年毎月検査に行き、きちんと薬を飲んでいたから安心していたのですが、わからないものです。その年の大晦日に、食べれない気分が悪いと突然言ったのです。新しい年になってすぐ入院、手術、医者から結果を知らされました。何をそんなに急いでるの、奇跡が起こるかもしれないよと励まし続けましたが、その年の夏に呆気なく逝ってしまいました。

今になって振り返ってみますに、長距離運転中の無言は、体調の悪さを噛み締めていたのかもしれません。長い年月体内で形成された病だとしても、永遠の別れとなってしまい、悲しみや申し訳なさで胸が痛みます。

「歴史なら、米沢がいいでしょう」

と電話の向こうで教えていただいた通り、娘におつき会いしてもらい新幹線に乗りました。

――上杉家ほど財政に苦しみつづけ、歴代の施策は、極端な節約主義だったと――司馬遼太郎氏の街道はゆく10に書かれています。二代目景勝から鷹山に至って、工夫をし努力しても自然災害にはどうしても勝てず、苦しい生活が続いた。だが根気よく民百姓を説得し節約主義をつらぬき通したし、また民、百姓たちも藩主を尊敬し苦しみに耐えながら教えを守り通しています。

長い時代と共に上杉家の精神は根を張り地固まって、米沢をがっちり育んで来たのかと二日間の滞在でもそんな空気を感じたことでした。

レンタカー店へ行けば御主人が、

黒沢峠に行けば敷石道保存会の会長保科さんが、沢山の地図やパンフレットを出して、色々説明していただきました。この方々の話を総合するように、観光協会ボランティアガイドの、香坂氏、伊藤氏、安孫子氏の方が、お忙しい時間を裂いて、懇切丁寧に相談を受けて下さったのですが、自分の想像の甘さを知ることになります。行く手は塞がり頭の中は混乱して、まっ白ではなくまっ黒になりました。

東北地方の山形、北陸地方の新潟等の山は、険しさは格別で、峠を幾つも越えないと、山が終わらない程険しいのです。この険しい峠越えをするのは、想像を絶する厳しい事態であったのです。

翌日頭の切り換えの為にも、教えていただいた十三峠の一つ黒沢峠へ向かいました。レンタカーを運転する娘は鼻歌まじりで、上機嫌です。初めての道でも平気です。

十三峠の始まりは、一五二一年伊達家十四代種宗（たねむね）が手掛けたとあります。時代が流れるとともに、さらに山を切り開き石切り場で敷石を成形し人の手で運ばれ、一つ一つ敷き詰められて行ったのです。立派な敷石となっていました。ですが三百七十年間越後、米沢街道として役割を果たして以後放置されていたが、今日再び別の角度から脚光を浴びるようになり、整備され物見高い人の出入りが多くなっているといいます。

奥方たちが山越えをしようとしたのは、一六二〇年以降ですから、このルートはかなり便利になっていたと考えられるし、日振り島の庄屋様も何らかの情報を得て知っていたかもしれません。ですが労働等で鍛えられてない女の足を考えた時、歩く距離を縮め峠越えを少なくする手段を選んだのではないでしょうか。それにしてもどのルートを進んだか、非常に迷った場所です。

最上川どころか小さな川を流れに遡い、棹を差して上って行くのは、力の強いせん頭でも叶わない業だと言います。冷静になってみますと、笑えない笑い話ですが、笑ってしまいました。

想像と現実のギャップです。

何歳になっても気になるのか、兄らしい助言を送ってくれました。ちょうどチャンスに恵まれ弟からも話が聞けました。有り難い事です。

ここいらでそろそろ終わりにしようと、気持ちがまとまりました。本になった暁には、まず夫に御供えしなければなりません。夫は無駄なことをしてと苦笑いする顔が浮かびますが、それでも感謝の気持ちを捧げます。

最後に信毎書籍印刷株式会社を紹介下さった出版社の方に、そして何度もお願いした注文にも快い承諾を出して下さった信毎書籍印刷様に、深くお礼申し上げます。ありがとうございました。

二〇一六年十月吉日

ペンネームについて

「同人誌」、「絆は永遠に」、「雷鳴の中で」、「生きる」、「若宮様」と長い年月父にいただいた「秋篠佐代」から「堎田(そねだ)なな」に変えました。
これからもよろしくお願い致します。

条理は斬られた──苦悩と悲しみの中で──

平成二十九年一月十五日発行

著者　堎《そね》田《だ》　な　な
〒七八一─五六二二
高知県香南市夜須町手結山一七一六─七

印刷　信毎書籍印刷株式会社
長野市西和田一─三〇─三
電話　〇二六─二四三─二一〇五
FAX　〇二六─二四三─三四九四